ぼくらのいえが
できるまで
できてから

もくじ

大きな畑と大きな窓のある家 —— 3

ぼくらのいえができるまで —— 24

最初のとっかかり。… 33

コラム 僕の夢「畑がほしい!」… 42

①ふたりミーティング開始。… 43

コラム 本気でお金を貯めるのだ … 52

②運命の土地。… 53

③運命の土地、おあずけ。… 63

つくったひとにきく。
日当たりと見晴らしの土地を手に入れる … 73

④家の話、はじまります。… 75

つくったひとにきく。
美しさと住みやすさが共にある家 … 106

コラム もし業者が倒産したら……? … 110

⑤基礎工事です。… 111

⑥木工事です。… 121

つくったひとにきく。
自分の腕1つで木の家を強く美しく立ち上げる … 140

コラム 建築確認申請のこと … 144

⑦壁塗りの長い旅。… 145

コラム あねは事件ってありましたね … 153

⑧外構と仕上げの話。… 155

コラム 地震とユニバーサルデザインの話 … 164

引っ越してふりかえって。… 165

お金と工程 … 172

コラム ぼくらの門扉ができるまで … 176

その後の「ぼくいえ」いくつかの追記 —— 177

コラム 畑と外構・10年を振り返る夫婦対談 —— 186

あとがき —— 190

大きな畑と大きな窓のある家

30の歳に家を建てた。夫は31だ。海も山も川も町も手近にある福岡で、私たちは山の麓に住むことを選んだ。そのときに書いた本がたくさんの人に届き、あれから10年が経った。

大きな畑と大きな窓のある家。

まずは大きな畑の話。

夫は「循環」を重んじる。

食べ物が土から生まれ、台所に入り、身体に入り、土に戻る循環。鳥が木の実をついばみ、山や川や畑をめぐる循環。石けんが下水を、海を、そして皮膚を通して人の身体をめぐる循環。生物の循環、資源の循環、エネルギーの循環。「循環」は夫が幼い頃から重きを置くキーワードの一つだったという。

私たちの土地は、その半分以上を外構が占めている。門扉とアプローチ、駐車場、それに雨水を循環させるための特注の大きな貯水槽を除いた、残り全てが畑だ。大きなケヤキを中心に、さまざまな樹木を植えている。畑では自然農(不耕作栽培)に取り組んでいるが、持て余すほどの収穫にはいたっていない。

サトイモを収穫中の夫と息子。左後方に見えるのがコンポスト

5　大きな畑と大きな窓のある家

それよりも私たちの畑は果樹栽培が向いているようだ。日当りがよく、乾燥気味の土のせいか、その種類は多岐にわたる。キウイ、ブルーベリー、ブラックベリー、イチジク、カボス、アマナツ、ハッサク、スイートスプリング、温州みかん、ムベ、ジューンベリー、グミ、キンカン、フェイジョア。

中でも自慢はアマナツだ。大きくて皮もやわらかく、実は詰まっていてジューシー。甘くて酸っぱい。これが春先に400個ほど収穫できる。主な作業は収穫だけ。あとは本当にほったらかしだ。

隔年だがこちらも400個ほどの収穫があるキウイは、樹上で完熟しないため「追熟」させる。まず、キウイの収穫に併せてリンゴを5キロほど買い込む。袋にキウイ4～5個とリンゴ1個を入れ、軽く口を縛る。リンゴが出すエチレンガスでキウイが熟すのだ（リンゴは2カ月キウイといっしょに放置しておいても腐らない）。2週間ほどで袋の中に南国を思わせる芳醇な香りが充満し、キウイがやわらかくなる。キウイはやはり南国の果物だ。

大きなかぼすは毎年200個ほど穫れる。全てしぼってビンに詰め、酢の代わりに使う。ハチミツと炭酸で割って飲んだり、ピクルスや酢漬けにしたりと活躍する。

7　大きな畑と大きな窓のある家

家を訪れる人によく「これは何の実ですか?」と聞かれるのがフェイジョアだ。中南米が原産の果物で、食べごろがわかりにくく、傷みやすいが、上手に追熟させられたらなかなかうまい。リンゴのようなナシのようなバナナのような。香りと食感が絶妙でいけるのだ。少し傷がついたものを併せてジャムにしたら家人にとても好評だった。

冬にふと思いつき、収穫した果物を端から天日干しし、ラム酒に漬けてみた。それを次の冬のクリスマス、ドイツの発酵菓子「シュトレン」に焼き込んだ。

畑に設置したコンポストには、家庭で出た生ゴミのすべて(鳥の骨と貝を除く。これらは分解されないようだ)を投入する。それを土や草とともに寝かせたら、堆肥のできあがり。成熟した堆肥は生ゴミとは思えないほどに自然な香りを放つ。それを畑に還すのだ。

皮や骨や殻までコンポストに入れるわけだから、食材の選別にはうるさくなる。だれがどこでどういう作り方をして出荷した食材なのか。そういう情報を開示している店を選ぶ。値は張る。しかし、私たちが欲して作れないものを作っている生産者の生活がそこにある。私はそこにお金を払っていると思っている。そして、それもまたやはり「循環」だ。

9　大きな畑と大きな窓のある家

大きな窓のある家の話。

幼い頃の一時期住んでいた家の自室は、一面が全て窓になっていた。大きな木と芝生の丘がすぐそこにあって、あとは空しか見えなかった。幼い頃の記憶はめっぽう少ない方なのだが、その中でもその景色は強烈な記憶だ。そのせいか、私にとって窓はとても大事なものだ。そこから顔を突き出して命からがら呼吸をしているような、そんな感覚だ。窓のないカフェや地下の店での食事は苦手だ。閉所恐怖症のようなものかもしれない。

家は南東面のほぼ全てが窓になっている。その窓の向こうが畑だ。畑では果樹や樹木がずいぶん大きく育ってきたので、もうすぐ「窓の向こうは森」と言えるようになるだろう。高台に建つため、畑の向こうは道路をはさんで隣家の屋根、あとは空。東南向きなので、朝日と正午ほどまで日が部屋に差し込む。

朝は4時に起きる。元来朝型なのだ。

ステンレスの鍋に湯を沸かし蒸籠をかける。炊いて小分けにしておいた玄米を蒸かしなおす。塩と海苔のおにぎりが大の好物だ。前夜の残りの味噌汁に豆乳を入れてあたためなおして朝ごはんにする。飲み物は朝も昼も夜も有機三年番茶。

朝のうちに夕食を作る。煮込みと味噌汁と常備菜のようなもの。出汁は昆布を細く切ったものにかつお節を削る。洋風のスープなら鶏ガラやエビの殻と、冷蔵庫にためておいた端野菜を煮出す。畑の月桂樹を自家乾燥させたものをたくさん入れる。煮込みもスープも食べる前に半日は置いておく。できれば一晩。時間を置くと必ずおいしくなる。

そこへ光が大きな窓を染め始める。朝日の前触れの光だ。遥か遠方の山々が光を背負ってその尾根をあらわにする。そして毎朝のように光の色に驚き、尾根の形に驚く。ああ、こんな色だったかなと。なぜかいつもちがって見えるのだ。

その間もお湯が沸き、洗濯機が回り、ゆで卵の仕上りを告げるタイマーが鳴る。そしてもう一度顔を上げる頃には、太陽が尾根の稜線を離れ、世界は朝に満たされている。

子どもと夫がそれぞれ出かけ、今日も少し前に進む。仕事の話だ。レギュラーのルーティンワークと、まっさらから立ち上げるデザインワークを組み合わせながら、少しでも前へ。踏み出しにくい一歩こそ、踏み出しにくさにとらわれないように、さりげなく少しずつ、前へ、前へ。誰に見張られることなく一人で仕事をするなら欠かせない流儀だ。

13　大きな畑と大きな窓のある家

新しいデザインにかかるときは、まずデスク周りを片付ける。何もない状態に、とまでは言わないが、できるだけ「まっさら」な状態にする。しかし、物が表に出ていてはなかなか「まっさら」にはならない。

いらないものを家に置かない。「よくわからない物が詰まっている」場所を作らない。全てのものに「落ち着く先」を決めておく。「これは納戸の棚の上から2番目」「こっちは洗面所のカゴ」といったように。どんなに散らかっていても、散らばったものを一つずつあるべき場所に戻していけば、まっさらな部屋ができあがるようにしておく。そして私は「捨て魔」だ。「断捨離」もはなはだしい。家族にとってみれば悪癖のようなものだ。だけど今日もまっさらをよしとする。

同業の仲間でも、仕事と生活を同じ場所で済ませられないという人がいる。公私の区別をつけたいのだという。家と別に事務所を借りたり、どこか事務所に所属したり間借りしたりする。私はと言うと、公私の区別を必要としない方のようだ。仕事をしている机からキッチンのコンロまで3歩。鍋の火加減と香りを感じながらデスクトップに向かう。

お昼。お腹が空いたら、小さな鉄のフライパンに油を敷いて、野菜をローストする。弱火で気長に。同時にパンを蒸し器であたためる。普段の昼食は一人で食べるのが好きだ。

データのバックアップをとりつつ、洗濯物を15時に取り込む。音楽を聴くも、ラジオを聴くも、気分次第だ。全くの無音もいい。

特に誰ともしゃべらない。朝礼も会議もない。誰かと話したいなという気分になったら、画面を切り替えてＳＮＳに顔を出す。その程度で気が済む。私はたまたまそういうのが向いている。大きな窓の向こうには大きな空。そういうのがいい。

息子が帰ってくる。学童保育でしっかり遊んで帰ってくる。宿題を見て、息子と早めの夕食をとる。食後に自分で作ったおやつを出すことも多い。大体は朝のうちに作っておいた、地味だが滋養深い、おかずのようなおやつだ。

本当に本当に迷ったのだが、息子には食品添加物について少しずつ教えている。食べ物の選り好みをさせるのではない。私がなぜこれを買ってあれを買わないのか、友だちの口に上る有名で大きなスーパーマーケットに行かずに小さな食料品店に行くのか。子どもにそ

の説明をするのはとても難しい。しかし、将来息子が自分で食べ物を買う時のことを考える。私は自分が知っていることを、息子に引き継がないという選択肢を、どうしても選べない。

息子が2歳になる前に、仕事場に手を入れた。それまでつぎはぎで済ませていた仕事用の机を全て畳み、知人に机を作ってもらった。230センチ×150センチだ。家庭用ではなかなかない大きさだ。半分は私の仕事場、もう半分は息子の勉強机。手しごとが好きな夫の作業机にもなる。この机が入り、私たちの家はようやく完成を見た。

子どもができてからは、ずいぶん仕事を減らした。夜中まで働いていた頃には考えられない。しかし、食事に手をかけ、子どものあれこれにしっかり寄り添う余裕を持ち、何より大事な自分の睡眠時間を確保したのちに残る時間は多くない。また、自分のやりたい仕事を選べるようになってきて、丁寧に一つひとつの仕事に関わっていると、受注できる数も減ってくる。そうなると、月々の支払いがきびしいこともある。

19　大きな畑と大きな窓のある家

それでも、生活のありようは変えられない。身入りが少なければ慎ましく暮らすだけだ。風呂に入って20時半には布団に入る。夫の夕食はできるだけすぐに食べられる状態に整えて、息子が寝るのとともに私も寝る。睡眠は命をつくる。

家を建ててからの10年、私と家族の変容について。

家族が増え、消費生活について考え直し、石けんの生活を始めた。全国で地震があり、仕事のやり方を変えた。喜びがあり、苦悩と悲しみがあった。家を建てる前の自分はもう別人格、というくらいの変貌だ。私にとっては「家前」「家後」という感じだろうか。

私は総じて「めんどうくさい生活」を送っているらしい。人が来て食事を出したときに、天盛りにするかつお節を削っていると「一事が万事、そんな感じですか」と尋ねられたことがあった。おひたしを作るたびにいちいちかつお節を削るのか、ということだ。まあ、そうだ。そうかもしれない。

1時間半かけて土鍋で玄米を炊く。精米は買わず自宅で使う分だけ玄米を搗《つ》く。電子レンジを使わない。冷凍食品を使わない。インスタント食品を使わない。固形コンソメ／顆

粒だしを使わない。ミックス粉を使わない。合成洗剤を使わない。確かにめんどうなことをやっているのだろう。でも、自分の手がかけられることは、かけたいと思っている。

それは家づくりも同じだ。

改訂版出版に向けて推敲を重ねた。それで実感したのだが10年前も相変わらずめんどうなことを好んでやっていたようだ。本を手に取ってくださった方に「家を建てるのは大変そうですね。私にはああいうのはとても」と言われることも多かった。もっと手軽にマイホームを手に入れる方法もあろう。そもそも、十人居れば十人様々、何を「めんどう」と思い、何を「手軽」と考えるかさえ異なる。それでもやはり、かかるお金の膨大さは変わらない。それなら、とことん納得して進みたい。

さあ、どんな家になるのか。いや、どんな家に「する」のか。あなたの暮らしは家を手に入れることでどう変貌するのか。思い描きながらおつきあいください。

時代は変わっても、理想の家を手に入れる苦労と楽しさは変わらない。

ぼくらのいえが
できるまで

「ん? なんじゃこりゃ??」。写真1枚では、その全貌の半分の半分も伝わらないのです

①から見上げる

右側は隣家のコンクリ階段。左の階段を上がると私たちの土地へ

②から見上げる

下段から上段を見上げる。雑草が勢いよく生い茂る。緑のにおい

③から段差を見る

南側の公共の階段の中腹。上段と下段の境目の段差がよく見える

④下の段の壁

下段の公道と面しているところ。ここから見上げても土地は見えない

祭壇にはお供え物や鏡が。更地にパイプ椅子が変な感じ

飯盛神社の神主さんは女性でした。清々しくてよかった

積雪、強風の中、土地の神様にごあいさつ。土地の四方に塩とお神酒を差し上げる。ぶるぶる震えながら、つまみの昆布とするめで乾杯

'04 3月

快晴上棟

天気もいいし、いろんな人も集まって、いろいろ初めてづくしで、本当に大変だったけどわくわくの1日でした。後方の巨大クレーンに注目！

高台なので見晴らし最高

棟上げの木材が下段にずらり

友人も集めて

高所恐怖症なら無理です

整地して杭工事

きれいな配筋

コンクリ固まって基礎完成

基礎の上で木材に防蟻処理

断熱材が入る

屋根がついた

下段の駐車場工事開始

床材は天然パイン

風呂工事

階段製作中

壁の下地になる石膏ボード

取っ手になる木を物色中

マキハウスでの打ち合わせ

ぼさぼさの壁塗り職人

自宅での打ち合わせ

リビングの飾り棚製作中

外構工事でおしまい

いよいよ建具類が入ります

足場解体前に高所を楽しむ

そして完成、ぼくらのいえ。 '04 10月

まるまる2年間、全てを注ぎ込んでできた「ぼくらのいえ」。手前の門柱は私たちの手作り

玄関ドアの取っ手は桜の木

玄関。正面小窓の向こうにはデッキ

仕事場。大開口に面している

1階デッキ。写真奥はデッキ幅が狭く、縁側風に

二間続きのリビングと仕事場。ポリカーボネートの扉で仕切られるが、床にレールがないのですっきり

洗濯物干し場

デッキの小棚

階段踊り場のニッチ

一枚板のステンレスキッチン。台の下の収納扉はつけずにワゴンを入れた

洗面所。千本格子の向こうは洗濯物干し場

キッチンカウンター。奥の千本格子は勝手口

寝室。窓から朝日が見える

1階トイレ。カウンターを設けたので広め

ベンチを設けた2階デッキ

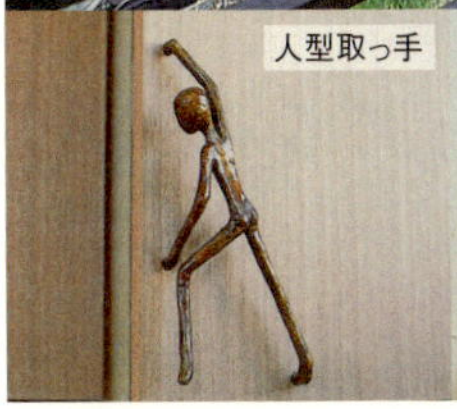

人型取っ手

トイレのペーパー置き

子ども部屋の取っ手

10年後の「ぼくいえ」へ！

'14 10月

元からこうだった!?というくらいしっくりきてる階段の黄色いテント地

コンセントボックス。床に続く

特注の特大仕事机。仕事部屋が家族の作業場になった

畑もこんなに変わりました！

❶が引っ越し直後の写真。10年後の写真を撮ろうとしたらケヤキが大きくなりすぎて、同じアングルから撮れない！❷が南側、❸が東側の10年後の様子。見事に果樹園と化しております。野菜類は……、20年後に期待！

最初の
とっかかり。

ぼくらのこと

私、29歳。グラフィックデザイナー。福岡で生まれ、7回転居しました。中学3年までは社宅暮らしで、その後は一戸建てに住んでいました。オット、31歳、福岡生まれ福岡育ち。ずっと賃貸住宅住まい。現在結婚7年目、子どもはまだなし。市内の公団に住んでいます。都心から近くて住みやすく、近くには山、海、公園、市民プールもあります。公団は南向きで8階、建物と建物の間にゆとりがあって歩道も広いです。

快適な暮らしだけど、私たちは結婚して間もなく一軒家に住みたいと思い始めました。

家を建てたいと思った理由その1

ぼくらの「もの作り生活」

私たち夫婦にとって、「もの作り」はとても楽しいことです。

例えば家具。「ここにこんなのほしいな～」と思っても、高さや奥行き、段数、材質・色まで、お店でぴったりのものを探すのは大変です。妥協はイヤだけど借家住まいだから、高価

今のマンション。

南北に細長い家。窓が両端にかたまっていて、まんなか部分に日が射すことはない。暗い。マンションは大体そうかもしれないけど……

4

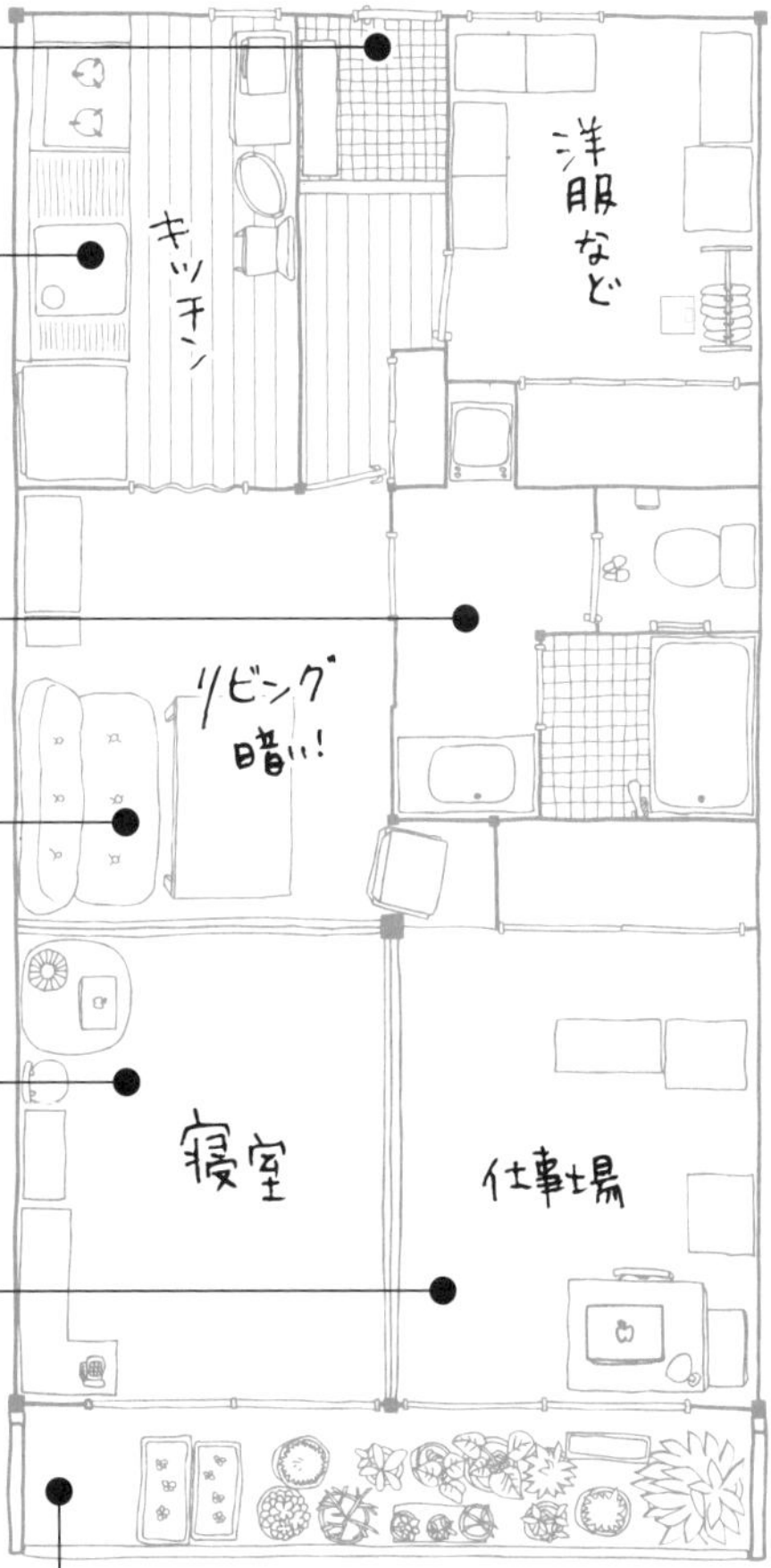

オットは玄関に植物を置くのが夢。でも暗いので置けない

キッチンも細くて暗い。夏、コンロの火をつけると汗だくになる。扇風機をまわすと火が消えるし、クーラーの冷気もここまで来ない

風呂もトイレも暗いし換気も気になる。梅雨はここが本当に不快……

ダイニング用の部屋をリビングにしているのがいけないんだけど、一番長くいる部屋が暗い

この部屋の半分までしか日光が入らない。普通はここがリビングかな?

結婚当初はベランダ側の2部屋を個室にするつもりだったけど、暮らしてみると個室はいらなかった。私が独立した後は半分を仕事部屋に

ベランダはオットの植物で飽和状態。緑いっぱいでいいけど、洗濯物を干すのもひと苦労

な家具は買いたくない。それなら作るしかないでしょ！

設計図を作って材料を買い近くの丘の上の公園へ。木材をカットしたり、釘を打ったり、ペンキを塗ったり。日が暮れる頃、できあがり！　こうして、部屋の一角に新しい仲間が入ります。素人仕事ですけどね。

私たちの住まいもこんな風にしたいなぁ。もちろんプロにお世話になるのですが、まっさらな紙に最初の一筆を入れるのは私たち。いらないものを徹底的に削り、自分たちの暮らしに必要なものだけを選んで、飽きのこないシンプルな、だけど個性的な建物を作りたい！

公園で、ベランダで。

家を建てたいと思った理由その2

オットのベランダ菜園

オットは何をするにもじっくり丁寧に取り組む人。特に植物を育てることが大好きです。ベランダが緑でいっぱいなのは本当に気持ちがいいですね。また、仕事のストレスをここで解消しているオットを見るのは、とてもうれしいことです。

でもマンションのベランダはやっぱり狭い！　日当たりも限られます。休日は、鉢を日が当たるところへチョコチョコ動かし続けるオット。カンペキな日当たりフォーメーションを追求します。独学で農業を勉強しながら「自分の畑をもつ」という大志を抱いています。マンションじゃ足りないよね……。

家を建てたいと思った理由その3　**生ごみをちゃんと捨てたい！**

マンション住まいならではの悩み。毎日出る生ごみをベランダのポリバケツに入れますよね？　で、ゴミの日にベランダから部屋の中を通ってそいつを玄関に出しますよね？　私、アレが本当にイヤなんです……！　ゴミ出しはオット担当。バケツのフタを開けた瞬間ぐわっと臭います。捨てるのは深夜、なんとなんと、私の布団の横をゴミが通るのです。それが週2回！

電動ゴミ処理機も検討したけど、それよりコンポスト。地面に置いて自然の力でゴミを土に還すのだ。……ベランダでは無理！　やっぱり一軒家だね！

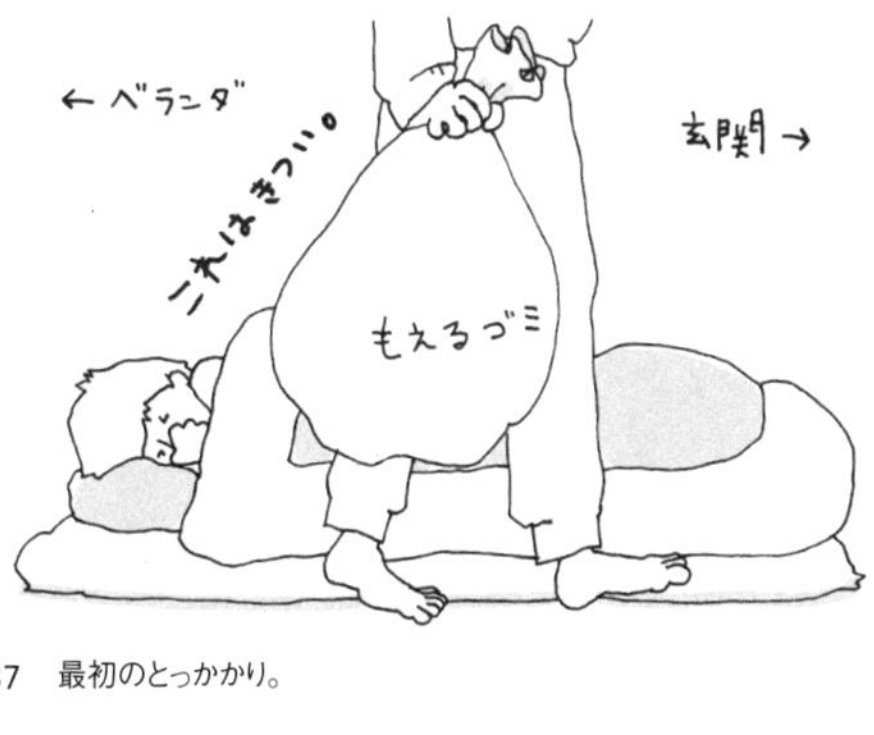

お金の準備の話

家を建てると宣言したら、多くの人に「早いね」と言われました。これは主にお金のことみたい。うちでは、貯金するというより、お金を使わないようにしています。例えば、車を持たない、賭け事や衝動買いをしない、ローンを組まない、旅行は近場で一泊、保険加入の徹底管理など。

現在貯金はなんとか1千万円弱。「もうちょっと頭金を貯めてから」という気持ちと「あと数年がんばっても貯金が倍になるわけでもないし」というのが半々。よし。どうせなら、若いうちにスタートして家を長く楽しもう。ローンだって早く返せます。ということで、手持ち1千万円でスタートしてみることにしました。

まずは住宅展示場へ！

ご存じ、住宅メーカーのモデルハウスが集まった、週末家族のおでかけスポット。

8万円（当時）のゴミ処理機を買うくらいなら、一軒家を買いたい！ちなみにコンポストは約4000円。動力は自然パワー・太陽！

とりあえず目に付いたところに入ったのですが……。

ふたりの意見はともに「う〜ん……」。モデル住宅って「おシャレ」そして「平均的」。その会社の「美意識」や「高機能」がとにかくてんこ盛りなんです。もちろん、できるだけ多くの人に気に入ってもらうための場所だから、当然です。でも、おシャレの基準は、建て主である私たちの中にあるものだから、メーカーの特徴にはなりません。高気密高断熱などのハードは、どこのメーカーでも大体できるはず。じゃあ、本当のちがいはどこ？ 見積もり額？ スタッフの感じの良さ？

多くのメーカーが、基本プランに施主の希望をプラスマイナスするやり方をとっていました。これでコストダウンが図れるのでしょう。この方が施主側がいろいろ考える手間も省けるしね。とりあえず一軒家がほしいっていう人にはいい。

オットは「設計上、どのくらいの自由度があるか」をしつこく聞いていたけど、担当者は困ったように首を傾けて、基本プランから外れる場合のデメリットを提示するばかり。私は席を外してしまいました。とにかく、どのメーカーも特筆すべき差がないんだもん！

「夫にお金を貯めさせる」のは妻の大きな課題らしいが、ウチはお金の管理はオット。オットはよく通帳を眺めているんですよね。しかも長い間じ〜っと。不思議

ある日出会った、めぐろみよさんの本

オットが『私とパトが建てた居心地のいい家』（講談社）という本を買って来てくれました。イラストレーターのめぐろみよさんの本。これがとってもおもしろくて～！

とことんこだわってアトリエを建てた話が、イキイキと語られています。インテリア資料やカタログを徹底的に調べ、全てに「自分テイスト」を追求する大変さとおもしろさ。デザインと機能性のどちらも妥協しないねばりと緊迫感。契約やお金のこと、業者さんとのやりとりなど、読んでいて本当にドキドキしました。建築士の書いた設計図に、めぐろさんが書き込んだ、建具や雑貨などの希望を詰め込んだノートもすごい！

この本で「やっぱり我が道を行かなきゃね！」と決心しました。オットは、めぐろさんがリフォームした「バナナハウス」という古屋の話が大のお気に入りで、よく「オレの理想はバナナハウスやね」と言っていました。家ができるまで、私はもう何回くりかえしてこの本を読んだかわかりません。

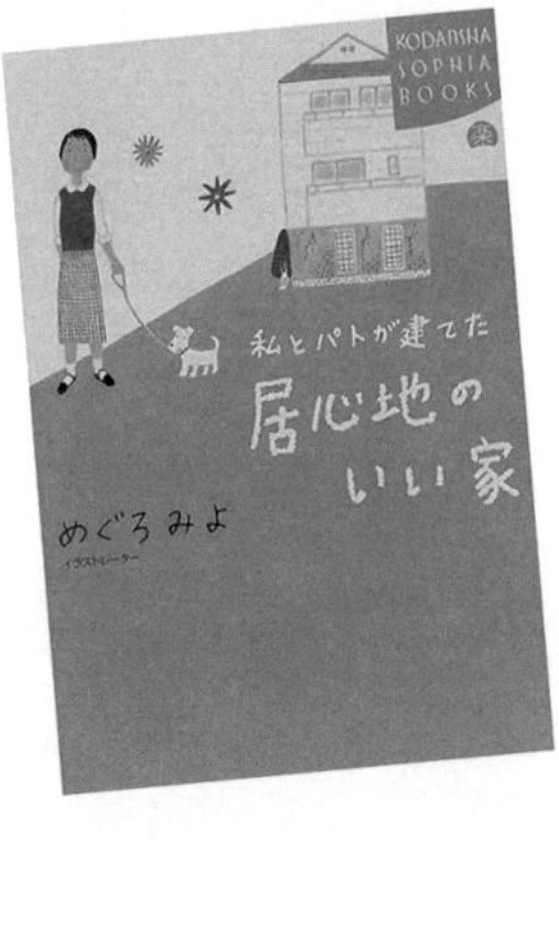

どうせ大量のお金を使うなら

主な家計はオットまかせですが、お金の使い方には私もこだわってますよ〜。小物入れ1つ買うのも、デザイン・材質・お店の感じまで、気に入るものを探したい派。しつこいです！ 見つからない間は我慢します。そのうち「なくてもいいか」なんていうこともある。間に合わせでパッと買って、失敗しても仕方ない、という考え方は苦手です。お金を使うとき、大体において私たちは地球の資源を使っているんです。

どこに住むか、どんな土地を買うか、どんな家を、どんなスタッフといっしょに建てるか。1つとして手を抜きたくない。自分の頭で考えて、私たちらしい最善の方法を選びたい。その分大変だろうけど、同じお金を使うなら、苦労もとことん味わって、楽しみたい。

私たち夫婦は、そんな風に考えて家づくりの最初の一歩を踏み出しました。

オットが植物に関心を持ったのは、結婚前に私がプレゼントした小さな「クワズイモ」がきっかけ。今やこんなに大家族になりました

コラム 僕の夢「畑がほしい！」 ～オットによる考察 その1

畑を手に入れること。たくさんの野菜や果物を栽培すること。それが僕の夢だ。借りものの土地じゃだめだ。畑作りは、土作りからはじまる終わりのない物語だからだ。ぜいたくだと言われるかもしれないけど、自分の土地がほしいんだ。

そこでは、ベランダではできなかったいろんなことができるんだ。コンポストで生ゴミ堆肥を作ったり、夏みかんの木を育てたり……。失敗もすると思うけど、自分なりに試行錯誤してやってみたい。

実は僕は、自然栽培に挑戦するつもりだ。土を耕さず、草を抜かず、肥料を過度に施さず、虫を敵とせず。このような方法で見事な成果を上げている先達はいるものの、現代農業のやり方とはちがうこの方法で美味しい野菜を作ることができるのか。32歳の挑戦だ。

そもそも僕は、地球環境を守らなくてはならないとまじめに考えている人間だ。僕が住む福岡市の緑が年々減少を続けていることについても、大変な危機感を持っている。だから自分が家を建てる時には、家の周りにいっぱい木を植えて緑を増やそうと考えているんだ。

シンボルツリーのケヤキ、ミカン、カボス、ザクロ、イチジク、キウイ、ジューンベリー、ブルーベリー……。果樹が多いのは僕が食べたいから。でも小鳥が食べてくれる分にはかまわない。僕の果樹園が郊外の自然と市街地の公園を結ぶ中継地点にでもなってくれれば本望だ。

果樹も野菜も農薬を使わず自然と共存できるように育てられたらいいと思う。

ああ。土地がほしいなあ。

①
ふたり
ミーティング
開始。

ふたりミーティング開始

三月一日

世間話とちがって、家の話をするのはなかなか難しいんですよね。疲れていたり、仕事でいやなことがあってそんな前向きな話をする気になれなかったり。だけど「のってくる」と、どんどんおもしろくなってくるんですねえ。「で、どんな家？　の前に……、どこに住みたい？」。今住んでいるのは、都心から近く、住みよい町。ということは、土地は高い！

家を建てるということは、そこが「終の棲家」になる。家はリフォームできるけど、土地は乗り変えられない。まずはそこからきちんと考えないと。どんな町がいいのか？　それは田舎なのか、都会なのか？　何を基準に選ぶのか？　えーっと、全然わかりません。

最初の条件は、恐れ多くも「自転車圏内」

私たちは自転車派。大体自転車で移動します。もちろん通勤も。待ち時間も渋滞もないし、自転車速度って気持ちいい。エコだし、維持費も格安。なにより自由な感じが好き！

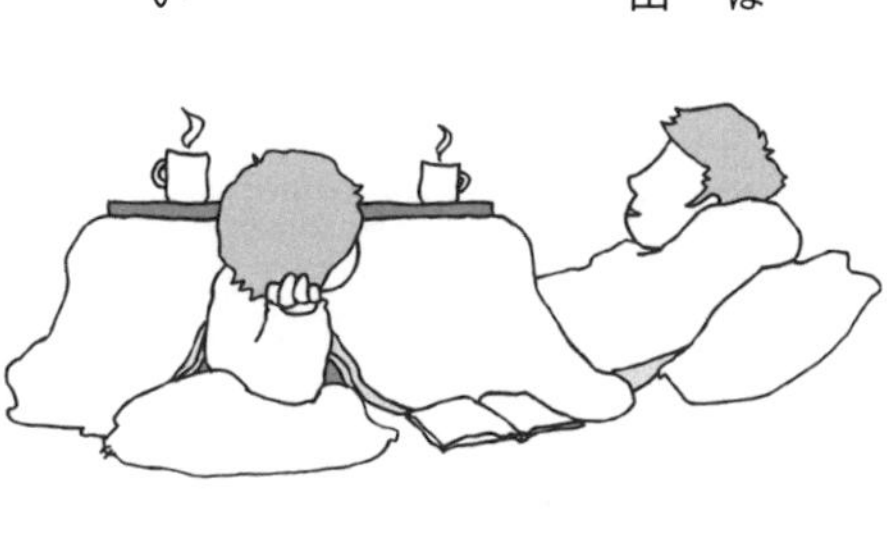

ということで、どんな町に住みたいかといえば、最初に思いついたのも、市の中心から「自転車圏内」であること。時間にして約30分の距離。だけどそれってやっぱり都心だから、土地は高かろう。やっぱりせいぜい「駅から自転車圏内」?

いやいや、最初からあきらめる手はない。とりあえず、中心である福岡市天神から5キロを「自転車圏内」と決めて、福岡市と周辺の地図を引っ張り出してくることになりました。

「いきなり隣にマンション!」あれ、やだね

一軒家に大きく影を落とすマンションや、眺望を遮る建物。自分の家の周りで次にどんな建物が建つか、全く見当が付かないのって恐いなあ。そういう「不確定要素」は絶対避けたい! 自分の敷地分のお金しか払えないけど、「住まう」って、家の周りや町並みを含めてのことですよね。

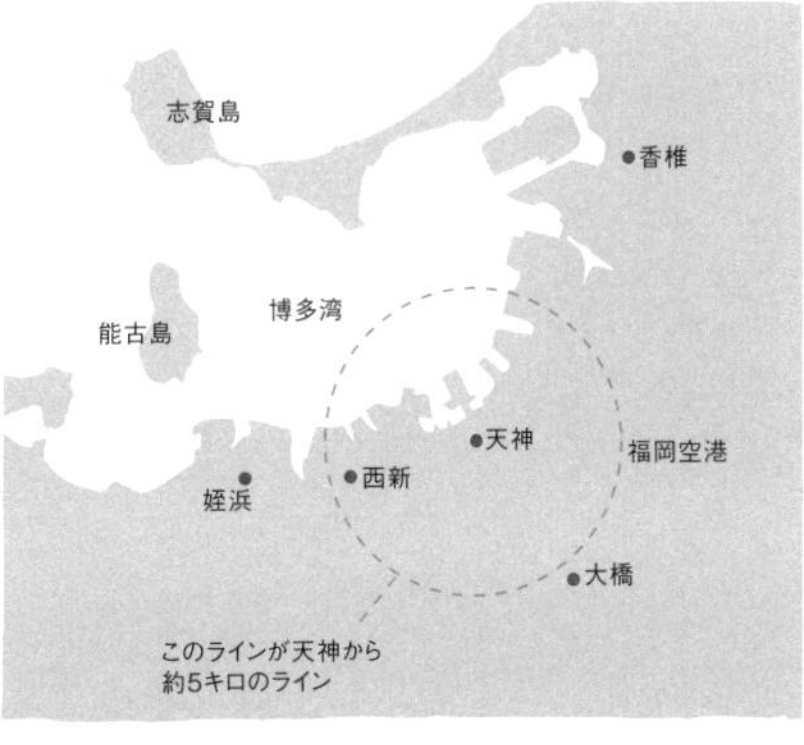

福岡市は、海も山も町も田舎も手近な、
便利なところなんです

調べてみると、「用途地域」といって低い建物しか建てられない地域があるらしい。ネットで福岡市内の分布図も発見！　だけど、そういう地域は限られてる。閑静な住宅街で大きなマンションがないところ。そう、ちょっと都心から離れているんですねえ……。

土地代っていくら？　だれが決めるの？

国土交通省が発表する「地価公示価格」を見れば、土地の相場がわかります。これは、全国約3万地点の土地を対象として毎年公表されます。お！　福岡市のホームページから「地価公示」資料発見！　住所別にずらっと土地の値段と用途地域がリストアップされていて、おもしろい〜！　いくら家を建てる気になったからといって、さっそく不動産屋さんを訪ねるってちょっと敷居が高いもんね〜。下調べ、下調べ！

これで何となく抱いている町のイメージと地価を比べてみます。都心から離れれば安くなるけど、ちょっと田舎でも閑静な住宅街なら高い。で、そういう住宅街は、やはり低い建物しか建てられないところなんですね。ふむふむ、あの町ならこのくらいなのね〜。

平成26年地価公示　各標準地点の価格推移（福岡市分）

標準地番号	所在（地番）	都市計画法等による法令の制限 用途地域 建ぺい率・容積率 防火地域	H21. 1. 1 公示価格(円/㎡)	変動率(%)	H22. 1. 1 公示価格(円/㎡)	変動率(%)	H23. 1. 1 公示価格(円/㎡)	変動率(%)
早良 －1	西新2丁目110番32	1中専（60・150）	253,000	−3.2	245,000	−0.8	243,000	2.1
早良 －2	南庄3丁目27番	2中専（60・150）	131,000	−3.1	127,000	−0.8	126,000	0.8
早良 －3	藤崎2丁目169番	1住居（60・200）	184,000	−2.7	179,000	−0.6	178,000	1.7
早良 －4	小田部7丁目134番5外	1中専（60・150）	117,000	−2.6	114,000	−0.9	113,000	1.8
早良 －5	室見1丁目25番5	1中専（60・150）	210,000	−2.9	204,000	−0.5	203,000	2.0
早良 －6	百道3丁目805番21	1中専（60・150）						変更
早良 －7	飯倉5丁目222番1外	1住居（60・200）	103,000	−1.9	101,000	−1.0	100,000	0.0
早良 －8	原4丁目1263番5	1住居（60・200）	118,000	−2.5	115,000	−0.9	114,000	0.0
早良 －9	城西1丁目8番	1住居（60・200）準防	238,000	−3.8	229,000	0.0	229,000	1.7
早良 －10	飯倉4丁目10番6	1低専（50・80）						
早良 －11	有田4丁目624番4内	1低専（50・80）						
早良 －12	野芥3丁目561番1外	1低専（50・80）	83,500	−2.5	81,400	−0.7	80,800	−0.1
早良 －13	田隈2丁目137番22	1低専（50・80）	85,800	−2.4	83,700	−1.0	82,900	−0.4
早良 －14	野芥5丁目352番13	1低専（40・60）	68,700	−1.7	67,500	−1.3	66,600	−1.1
早良 －15	東入部2丁目1754番	1低専（40・60）	46,600	−2.8	45,300	−2.2	44,300	−1.8
早良 －16	田村7丁目361番14	1低専（50・80）	69,800	−1.6	68,700	−1.2	67,900	−0.7
早良 －17	次郎丸2丁目579番67	1低専（50・80）						
早良 －18	有田1丁目8番21	1中専（60・100）						
早良 －19	次郎丸6丁目78番1	1住居（60・200）	98,000	[illegible]				
早良 －20	室見5丁目7番2	1中専（60・[illegible]）						
早良 －21	小田部3丁目[illegible]	[illegible]						

福岡市のホームページから「地価公示」のPDF。用途地域も載ってるし、地価の推移もわかる

用途地域ってなんだろう。

国土交通省のホームページから、「用途地域」について説明します。

土地は、みんながバラバラに好きなところに好きな建物を建てていいわけではありません。

土地の使い方や建物の建て方にはルールがあるのです。それが用途地域なんですね。

第一種低層住居専用地域	低層住宅のための地域です。小規模なお店や事務所をかねた住宅や、小中学校などが建てられます。
第二種低層住居専用地域	主に低層住宅のための地域です。小中学校などのほか、150㎡までの一定のお店などが建てられます。
第一種中高層住居専用地域	中高層住宅のための地域です。病院、大学、500㎡までの一定のお店などが建てられます。
第二種中高層住居専用地域	主に中高層住宅のための地域です。病院、大学などのほか、1500㎡までの一定のお店や事務所など必要な利便施設が建てられます。
第一種住居地域	住居の環境を守るための地域です。3000㎡までの店舗、事務所、ホテルなどは建てられます。
第二種住居地域	主に住居の環境を守るための地域です。店舗、事務所、ホテル、カラオケボックスなどは建てられます。
準住居地域	道路の沿道において、自動車関連施設などの立地と、これと調和した住居の環境を保護するための地域です。
近隣商業地域	まわりの住民が日用品の買物などをするための地域です。住宅や店舗のほかに小規模の工場も建てられます。
商業地域	銀行、映画館、飲食店、百貨店などが集まる地域です。住宅や小規模の工場も建てられます。

住宅専用なので、住宅がメイン
住宅専用ではない
GSもある

低 → 高 建ぺい率
低 → 高 容積率

※上記の他に、準工業地域、工業地域、工業専用地域があります。

用途地域は、各自治体が配布（または販売）している「都市計画図」で確認できます。図書館に置いてある場合もあるようです。

ちなみに、「建ぺい率」とは、敷地面積に対する建築面積の割合、「容積率」とは、敷地面積に対する延べ床面積（各階の床面積の合計）の割合のことです。

オットが、私の実家（家庭菜園付き）を広さの目安にしたいと言うので、「220平米（67坪）」で計算してみます。これに、都心から5キロの「自転車圏内」を加味すると、うーん、「2500万円」？「2000万円」ではなんか無理みたい。こんなふうに、いろんな意味で私たちにとっての「現実的な町」がどこなのか、大体見えてきました。

ちょっと行ってみよう。まずは南へ

四月一日

「自転車圏内で、〈第一種低層住居専用地域〉で、220平米（67坪）で、2500万円！」、とりあえずこの条件で何となく目星をつけ、出かけてみることにしました。……もちろん自転車で。

まず、市南部の住宅地・城南区K町。聞いたことはあるかな、くらいの印象。自転車でゆっくり約30分でこの近さかあ、と距離感をつかみます。新しい分譲地群と、懐かしい感じの町並みに分かれています。大きな公園があって山が近くていい印象。「売地」の札も発見。

それにしても、「ここに住むかも」という前提で町並みを眺めるのは楽しいですね！ それ

住宅街では「不審者」と思われないようにさりげなく散策

まで気が付かなかったことも見えてきました。例えば道路条件。歩道の幅、段差、交通量。自転車生活が前提なので、毎日の通勤に影響大です。でも、一番大事なのは、単純にそこを好きになれるかどうか、なのかも。その理由を話し合うと、相手の考えがわかったり、自分の思いこみに気が付いたり。片方が強く主張する「こだわり」もいろいろ出てくる～！

西へ東へ。条件を一つひとつ洗う

四月八日

次は東区へ。しかし、目的の住宅地は自転車で1時間半超！　大きな国道が延々と続き、排気ガスもひどく、最後は急な坂の連続。さすがにお尻が痛くなり、遠くに蜃気楼が見えたような……。懲りずに次の週末に行った西区の住宅街も1時間近くかかり、長い坂と大きな国道に悩まされました。オットの花粉症もひどくなってしまいました。

連日の冒険でわかったこと。私たちの条件に合う土地は、大体周辺に激しい坂があって、最寄りの駅まで自転車で行くのも辛い。坂は自転車の大敵なのです。ちょっとした坂なら、

①ふたりミーティング開始。

歩いたり自転車で上るのは好きなんです。特に景色がいいと最高！　実際、オットは家からの眺めがいいなら、多少の坂は覚悟している様子でした。だけど、通勤や、老後のことを考えるとちょっと非現実的かなという冷静な見方もしないといけない。

結果、3つの条件だけで、「住みたい町」をしぼりこめた手応えがありました。というか、この3条件にあてはまる町はあまり多くないという事実にぶつかりました。

そしてこの西区の住宅街で、1つの出会いがあるのです。

遠足がおわったらミーティング。

こんな感じの町に住みたいね。

コラム 本気でお金を貯めるのだ ～オットによる考察 その2

畑ほしいな。ついでに家もほしいな。お金がたくさん必要だ。

もともと僕は、酒もタバコも賭け事もやらない。ほしいものは畑。だったら今はひたすらお金を貯めて、できるだけ早く土地を買うしかない。そして、将来どうなるかもわからないから、借金はできるだけ少なくしたい。

26歳の頃。手持ち資金は郵便貯金の200万円だった。頭金にあと1000万円はほしい。まず目を付けたのが住宅金融公庫の「つみたてくん」だ。住宅購入のメリットがいろいろあり、利回りもとてもよい。僕は半年毎に40万円を積み立てるコースを申し込んだ。結構大変だ。

しかし、これだけでは5年で500万円も貯まらない。そこでさらに自分を追い込み、勤務先で「財形住宅貯蓄」に申し込んだ。これは、家を買うときに、貯蓄額の10倍の融資を受けられるのだ。僕は毎月3万円、ボーナス時30万円で年間96万円を給料天引きにした。

この2つを併せれば5年で1000万円弱になる。当初はちょっと無理かなとも思ったが、夫婦で協力して無駄な出費を減らし、がんばった。よく「無理のない額を貯めましょう」といわれるが、ある程度は厳しいと感じるくらいの額を設定しないとお金は貯まらないと僕は思う。

自己資金が1000万円を達成したことを機に、家づくりに取りかかることになった。これで、借金をしても返すことができるという自信もついたような気がした。

ちなみに、この頃僕は「分散投資」という言葉を知った。長期的にお金を増やすため、さまざまな金融商品に投資してリスクを分散するのだ。そこで、株や投資信託も始めたがこちらは失敗した。なにしろITバブル絶頂期に始めてしまったもので……。

②

運命の
土地。

不思議な出会い、そしてもう止められない！

四月二十二日

西区で住宅街を散策していたときのこと。個性的な家の「好き嫌いチェック」をしたり（住んでいる人には失礼！）、モデルハウスをひやかしたりしていました。その中に骨組みだけの建築中の家があって、大きな垂れ幕に「マキハウス」と書かれていました。どこかで見たな。そうだ、とある大型商業施設で見た。ショールームというより、インテリアショップみたいだった。「まだ土地も買ってないけど……ちょっと行ってみない？」。思い立ったが吉日！

「ここはなんだ？」のショールーム

四月二十九日

さっそく次の休み、マキハウスへ出かけました。そこには建材・雑貨・家具がずらり！ 床、壁、タイル、屋根、オリジナルキッチン、コンセントプレート、サインプレート、インテリア誌など国内外の商品がどれも珍しくて大大大興奮です！ 設計室もあってスタッフの資料室も兼ねているよう。重厚感のある和室やカラフルな子ども部屋のモデルルームはガラス貼りになっていて、施主と建築士の打ち合わせが行われています。

今まで建てられた家の写真も驚きました。なんというか、「カタログの基本プランがベースで」みたいなメーカーとはちがう、自由な感じ！ 色・形・雰囲気が個性的で、同じような家が1つもない。施主の趣味がそのまま反映されてる！「すごい。ここはなんだ？」

「ウチでは不動産から設計・施工までやっているんですよ」。営業のKさん登場。は、はあ。そうなんですか。それはいいことなの？ ……わからない。「まずは土地の話からしましょうか」と、おしゃれなショールームで不動産の話が始まりました。

乗り気になっちゃった

四月二十九日

「今の家賃を参考に、毎月いくら返済できるかを考えましょう。それとボーナスです。ある程度ラクに返せる額はいくらですか？」とKさん。毎月6万円、ボーナスで年40万円かな。「では、今35年ローンが組めますから、ご主人の収入で大体4000万円は借りることができます。それと、お手持ちの資金です」。ほお。それが予算というものなのか。

4000万円と自己資金の1000万円で5000万円。じわっと現実感が出てきましたような……。「では土地を見に行ってみませんか？」と言われ、思わず「ハイ」。セールス嫌いな私たちが、こんな大きな買い物であっさり踏み出してしまった。大丈夫～？

売り地を見に行く

五月一日

例の3つの条件をKさんに提示して、予算はとりあえず2000万円と伝えてみました。

それから約2カ月で、約20カ所の売り地を見に行きました。しかし、さまざまな「不確定要素」がある土地ばかり。オットは片っ端から「ここはダメ、こっちもダメ」と切り捨てていきました。オットいわく「土地に掘り出しモンはない！」。何か問題があるからこの値段にな

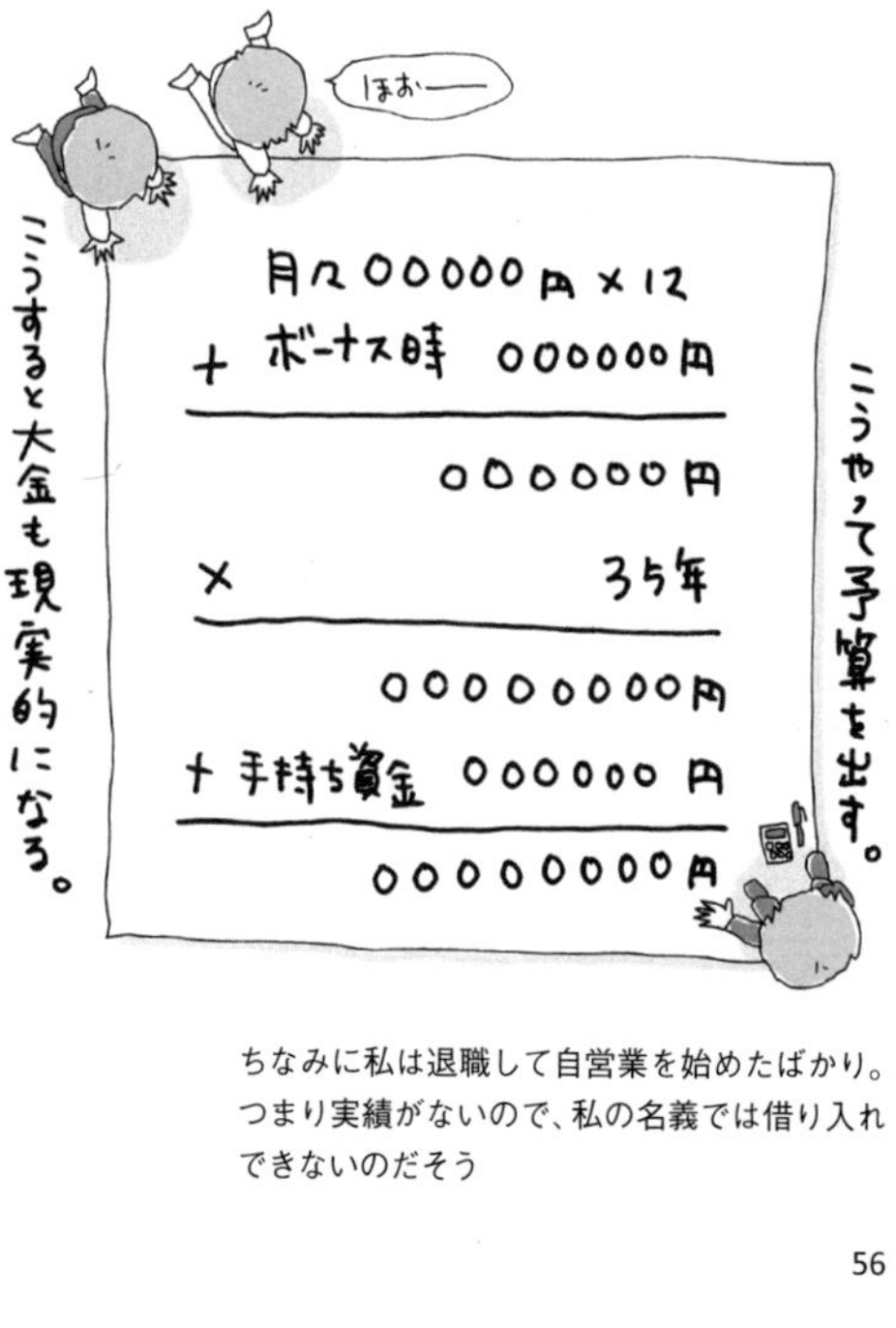
ほぉ――
こうすると大金も現実的になる。
月々00000円×12
+ ボーナス時 000000円
000000円
× 35年
00000000円
+ 手持ち資金 000000 円
00000000円
こうやって予算を出す。

ちなみに私は退職して自営業を始めたばかり。つまり実績がないので、私の名義では借り入れできないのだそう

るんだと言います。いやー、やっぱり私たちの条件では厳しすぎるんだと思うよ。

やむなく、予算枠を2500万円に広げて探してもらうことにしました。そこで1つとても気になる売り地がありました。

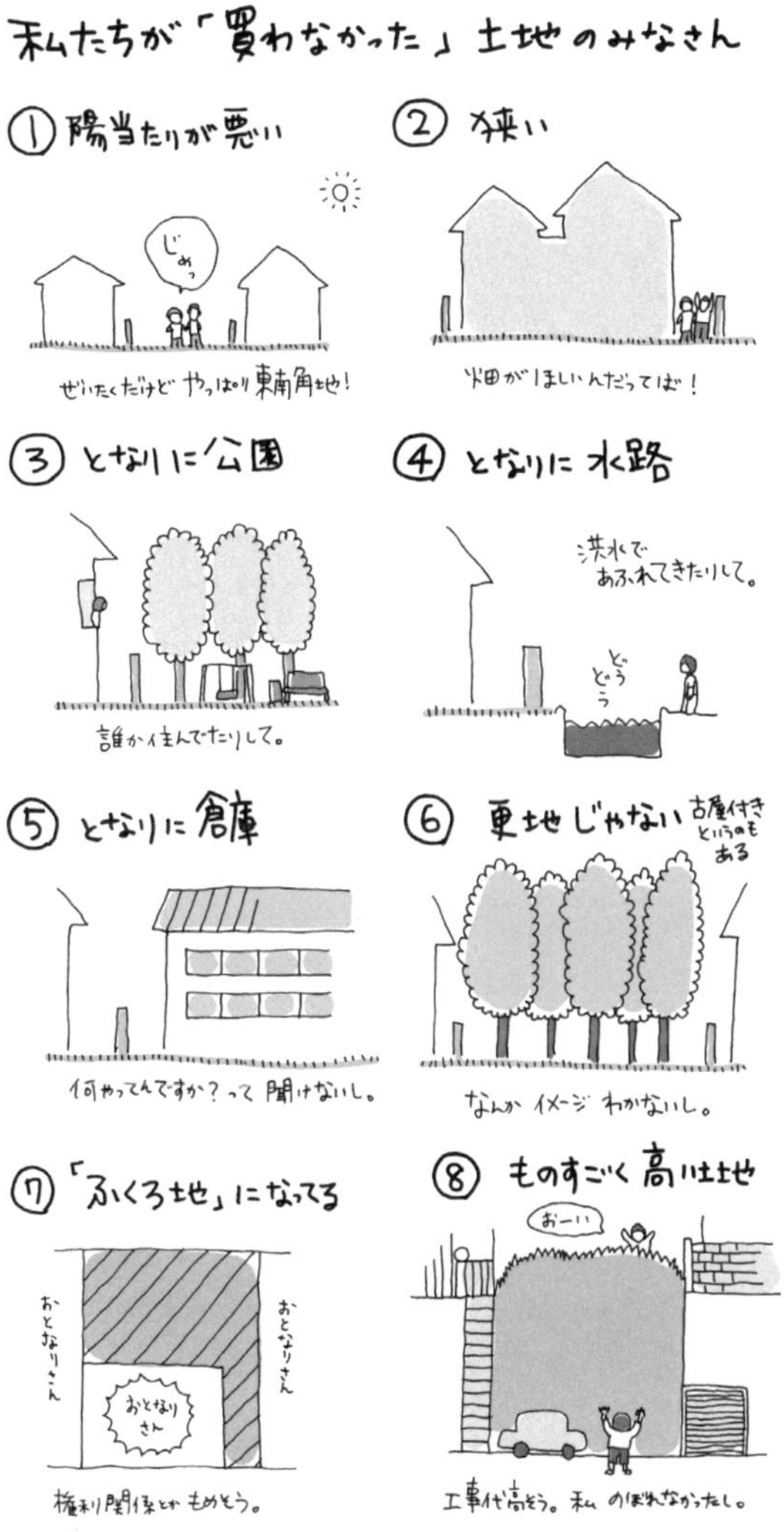

人それぞれ、イイ土地・よくない土地いろいろあるでしょう。それは家族のライフスタイルに合ってるか合ってないかで、判断できます。これらは、私たちが「ノー」と見なした土地の一部です。

あこがれの土地ってこんな感じかなあ

五月八日

そこは320平米（97坪）、2100万円。崖の上にあって見晴らしも日当たりも最高！しかも畑に最適の「おまけ土地」付き！　オットはここを見てすぐ、腕を組んで「おまけ土地」をぐるぐると歩き回っていました。どう見ても好感触。「あ〜、気になってるね、あれは」

だけどだけど、私はその崖がどうしてもダメでした。4階くらいの高さがある崖の下には家が建っていたので、崖の「のり面」にはきちんと工事がされて、強度の心配はない。だけど、子どもができた時、毎日毎日落ちないか心配する！　絶対！　無理！

それに、空港が近いので5分間隔くらいで飛行機が通っていました。なのにオットは「飛行機

の音やら聞こえたかいな」とか言うのです。ちょっと〜！　こんなにうるさいのに！　これは「不確定要素」じゃないのか〜い！

結局この土地は、私の意見を聞き入れてくれて、一応見送りになりました。だけど初めて「理想の土地」が見えたという感触はありました。普通なら「おまけ土地」は使えない部分で敬遠されて比較的安かったというわけです。人によってニーズがちがうなら、もしかして「掘り出しモン」ってあるかもね！

実はこの土地、後で自転車で行ってみました。どうしてもオットは諦められなかったみたい。だけど、道中の自転車道が悪いのと、周辺の坂が多すぎるということで、自転車条件から外れました。オットよ、どうにかあきらめてくれ……。

ここだ！　土地発見

六月二十二日

毎週末を土地探しに費やして、いくつか「いいかも？」という物件があったけど、まだまだ全然踏み出せない。義母に見てもらった時も「ここがいいかなあ〜なんて思ってるんですけど～」などと言ってる自分があまりにも心もとない。もっと「ここじゃないとイヤだ！　ね？いいところでしょ！」くらいじゃないと、周囲の人も何とも言いようがない。しかも、Kさんのがんばりあって、希望に近い土地を見たせいか、「この予算でこういうのがあるならもっとあるはず」と、逆に理想が高くなる始末。勉強の意味でもいろいろ見せてくれてるのに、「条件に合わない土地はもう見なくていいです」なんて冷たいことを言った矢先でした。

「じゃ、今日はあと１件あります」。え～もう帰る～と内心思いつつ案内されたのがその土地でした。私たちの家が建つ場所。ぼんやりした頭が一気に冴え、私たちはその時点で「ここじゃないとイヤだ！」と心に決めていました。

私たちがひと目惚れしたのは、454平米（約137坪）で2200万円の土地。めちゃくちゃ広い。そのわりに安い。

土地の真ん中に1メートル強の大きな段差があります。多分これが評価の分かれ目。広く使いたい人には段差がジャマになるし、そんなに広くなくてもいい人には無駄な広さになります。当然私たちは、ひと目で上段に家を建て、下段を畑にする心づもりを立てていました。何度も「上下の土地合わせてこの値段ですよね？」と確認しました。そのくらい広い！

大きな山の登山口に近い城南区H町。昔からある住宅地で、この土地以外に空き地はありません。都心から自転車で40分。これはう〜む、ギリギリかな。少し高台なのでちょっとした坂もまあ、許せる許せる！

何よりも気に入ったのは、ぜいたくな畑用の土地（もう勝手に決めてる）と、何も遮るもののない日当たり。南西側の公共の階段のおかげで、3面が隣家と接していないことになります。しっかりと住宅街の中にありながら、全く圧迫感がない、とても不思議な形の土地。

実はここ、最初に町並みめぐりをしたK町のすぐ近く。縁も感じます。「すぐ売り主さんと交渉してください！」とKさんに言うと、「ご主人の誕生日（6月28日）

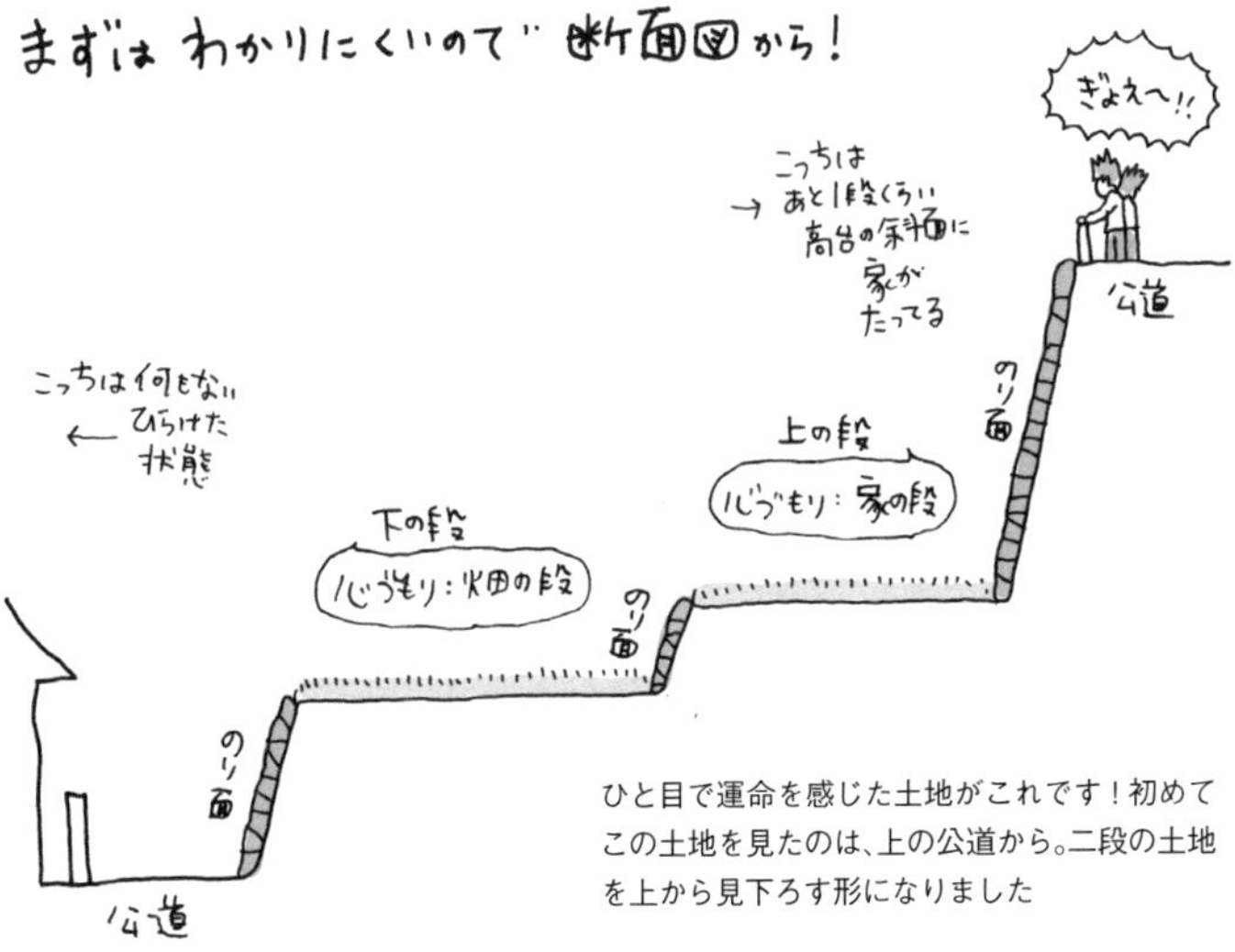

ひと目で運命を感じた土地がこれです！初めてこの土地を見たのは、上の公道から。二段の土地を上から見下ろす形になりました

にご契約というのもいいですね」なんて言っていました。しかし、ことはそう上手く運びませんでした。

そして、上から見るとこんな感じ。

私たちが最初にこの土地を見た上の公道は、図の上の方です。上の段と下の段の境目には1メートル強の「のり面」があります。そして、上の段と公道の間、下の段と公道の間には2メートル強の「のり面」があります

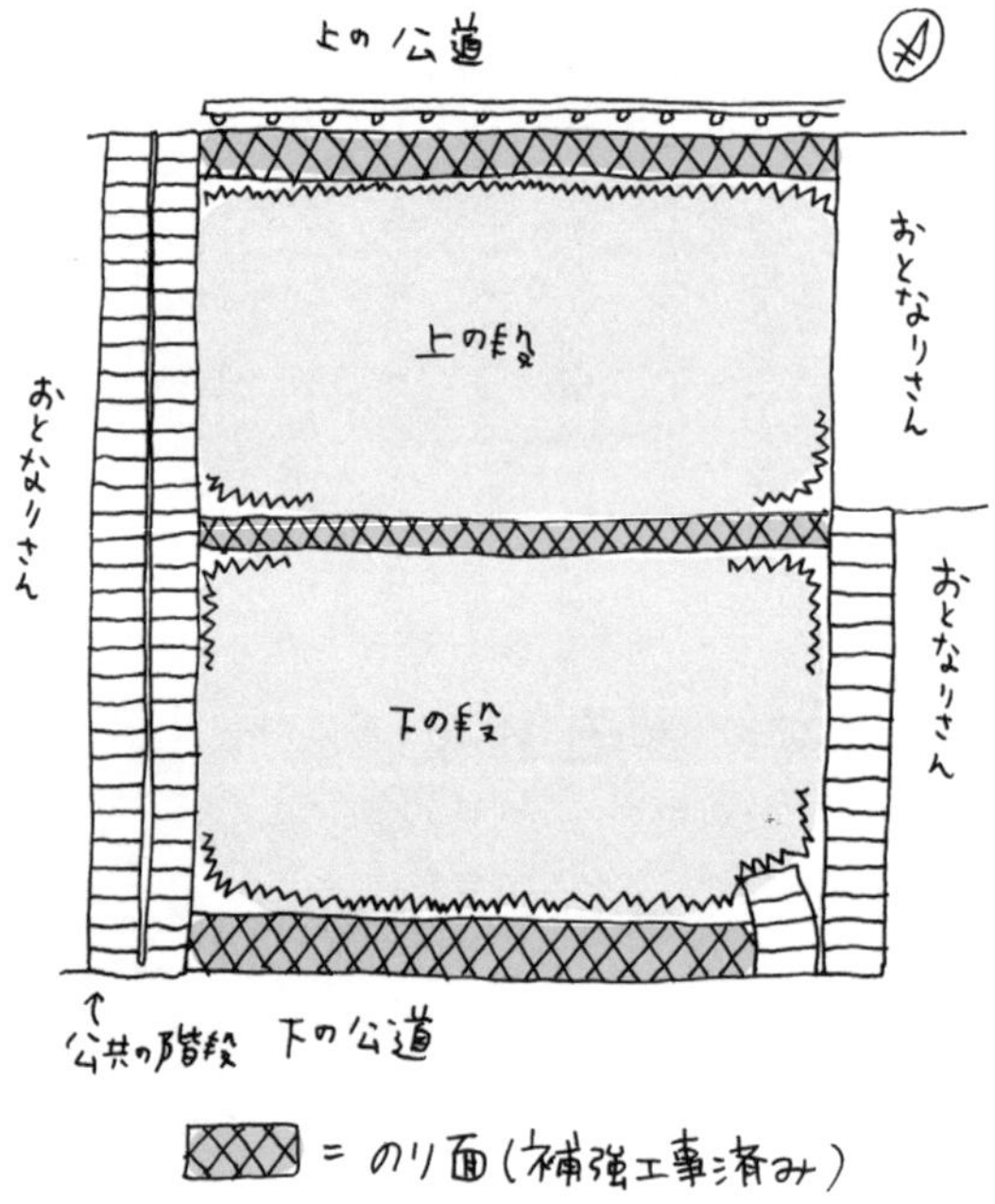

③

運命の土地、おあずけ。

見えない相手「売り主さん」

六月二十八日

不動産業者「マキハウス」と私たち、売り主とその仲介の不動産業者。4者がペアになって土地の売買交渉が始まり……ませんでした！　「土地を買いたい！」と意思表示をしたのに、なぜか話が一向に進まないのです。

ここで一般的な土地の売買についてお話ししましょう。売り主が「土地を売りたい」とA不動産屋に持ちかけると、その情報をA不動産屋が公示します。それに対して、買いたい人がB不動産屋に意思表示すると、B不動産屋は「買い主を付けた」状態になって交渉開始。売り主側のA不動産屋はそれを売り主に伝えます。この時点で公示されていた情報はクローズ。交渉中は、売り主とA不動産屋は他の買い手を探してはいけないことになっているのです。通常、話がまとまるまでは、売り主と買い主が顔を合わせることはなく、買い主は、先方の返事を待つのみという状態になります。

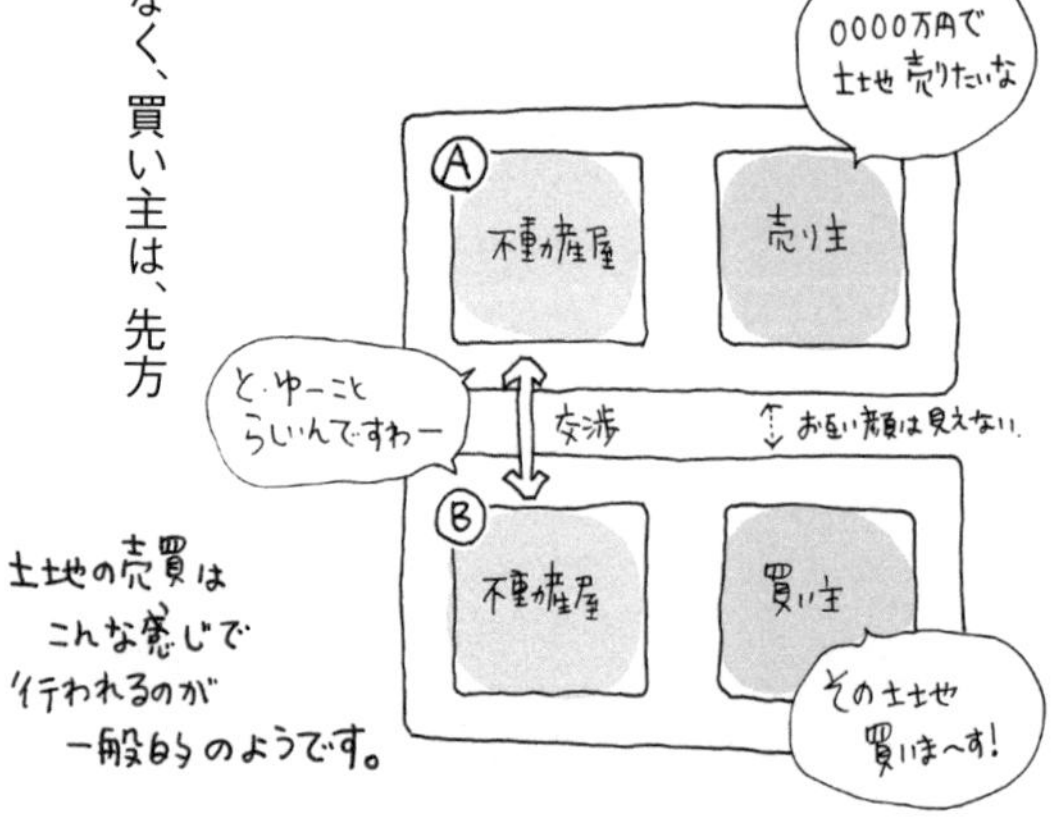

運命の土地と出会って約2カ月間、私たちは、「まだかな〜」と言いながら、自転車で行ってみたり、この土地を前提にしたプランを練ったりしていました。他の土地を探すつもりは全くありませんでした。両親にも見てもらってなかなか好評。ちなみに、Kさんからは「先方と交渉を続けている」という連絡が週に一度入るか入らないかという状態です。「売り主さん」ってどんな人なのか。全く見えない状態で待つのはとっても長かった。

土地には人の思いがある

九月十九日

理想の土地に「待った」をかけられて3カ月目、Kさんから「明日先方と交渉に入ります」と連絡があり、この時初めて、今まで先方と何も話ができていなかったことを知りました。交渉が進まなかった理由をひと言で表すなら、売り主さん側にそれほど売る気がなかったということになるかもしれません。

売り主さんは、ご主人といつか家を建てようと約30年前にこの土地を購入されました。しかしご主人がお亡くなりになり、売る決心をなさったそうです。ご主人の一周忌もあり、交渉を先延ばしになさっていました。その間、もっと高く購入したいという別の話もあり、ずいぶん迷っていらっしゃったようです。しかし、私たちが若いながらも「土地の半分を畑にしたい」と思っていることなどを考慮して、別のお話を断ってくださったそうです。買う側の土地への思い入れもあれば、売り主さん側にも深い思いがあることを知りました。

マキハウスにとっても、難しい交渉を避け、他の土地を探して話を進める方が常道でしょう。しかしKさんは、あきらめず時間をかけて熱心に交渉してくれていたのです。

初めてローン組みました！

九月二十二日

とうとう交渉成立〜！　137坪、2200万円です。契約の日取りは10月10日に決定！

財形貯蓄の金利が、10月から上がるという噂を聞きつけて、Kさんが「急ですが準備をしませんか」と言いました。実はこの時点ではまだ売り主さんとの正式な交渉成立前のこと

理想の土地があるのに
自分のものにならないもどかしさ…。
こんな ところに 住めるなんて
わあ すてきな 家になりました
ハッハッ ハッ
むぐぐ わたしだって…。

でした。書類もバタバタ揃えなければならないし、オットはそういうのが大の苦手。私もいよいよお金の話が具体的に動き始めて、やっぱりちょっとドキドキしてました。しかし、金利は少しでも低い方がいい！ 売り主さんに売っていただけるという念書をいただき、2〜3日で申込み準備をしたところ、やはり10月で金利が上がりました。まさにギリギリセーフ！ 3870万円、35年ローンです。しかもこの時点でまだ、別の不動産屋が売り主さんにプッシュしてきているという情報もゲットし、焦りながらも契約の日を待ちました。

まだ気が抜けない！ 土地所有主になるまでのゴタゴタ

十月三日

先方との交渉はまだ続きました。それは「測量」。「ここからここがウチの土地」という取り決めを、「土地家屋調査士」と「おとなりさん」で確認する作業です。測量をきちんとやるというのはオットたっての希望。土地保有者としてこの書類を残すのはとっても重要なことなのです。所有権移転の前に済ませておかないと後々面倒なことになることもあるそう。私たちは、測量を売り主さんの負担でやって

Aさんからこさんまで5人と立ち会いそれぞれ「土地境界確認書」にハンコをもらわなければなりません。ちなみに「境界」ってこういうのです→

もらうことを契約条件としていました。

もう1つ、オットが突然、「畑スペースの半分に日陰ができる」と言い出しました。「オイオイ、今さら?」と思いながらも、心残りがあってはいかんと、現地で一日座り込み! 日が陰る時間を確認しましたよ。結果、3時過ぎから畑の端の方に少しかかるくらい、ということで、まあいいだろうとオットのオッケーが出ました。やれやれ……。

大金携えて、契約に挑む

十月十日大安!

待ちに待ちに待った! 契約の日。土地の手付け金200万円を現金で持っていく日! 場所はマキハウス、周りは西日本有数の歓楽街・中洲。コワいよ〜!

まずはマキハウスの宅建主任者による重要事項の説明。しっかりと書類を確認します。そして売り主さんと初のご対面! 紺の麻の着物をお召しの、粋でかわいらしい方。オットは会社帰りでスーツですが、私はスニー

200万円を ひざの上に
ソバをすする ふたり。

契約前に大金を抱え込むようにして盛りソバをちゅるちゅる

カーとジーンズ。失敗！　ここはきちんとした服を着ていくべきでしたね〜。

それから全員で売買契約書を一字一句確認し、お金を渡し、この日のために作った実印をあちこちついて終了です。別れ際に売り主さんが「畑をなさるんですってね」と嬉しそうにおっしゃいました。やはり、あの土地はご主人との思い出の場所だそう。契約までにいろいろあったので、対面というより対決、くらいに考えて挑んだ私たち。だけどやはり、顔を合わせて初めて心が伝わるんだなあと、しみじみ思いました。

3カ月間のモヤモヤがふっとなくなった気がしました。

家を誰に建ててもらうか

家を建てるパートナーとしてどんな相手がいるのでしょう。

まずは住宅メーカー。メーカー側が設定した基本プランを元に、間取りを決めたら、資材や設備機器はメーカーのカタログから決めます。仕入れを限定し、大量生産、大量発注することによりコストダウンをはかりますが、その分、宣伝広告費やモデルハウスの維持管理、

オリジナル商品の開発に経費が使われています。地域の下請け工務店がメーカー名を冠して施工します。

次に、建築設計事務所です。設計と現場監理を行います。施工は設計者が工務店に発注し、図面通りに工事が行われているか現場管理を行います。デザイン性の高い設計・狭小地・素材の選択など、柔軟性の高い建築設計を得意としています。「設計料をとられるので高くつくのでは」と言われることが多いようですが、建物を建てる場合は、必ずその土地に合わせた世界で一枚の図面が必要なため、どこに発注しても設計料は発生します。それが金額として表に出ているか工事費などの中に隠れているか、の違いでしょう。

そして工務店（建設会社）です。建築の職人さんを抱えていて、中には専属の建築士がいる会社もあります。地域に密着しているだけに小回りがきき、きちんとした仕事をすることでその後の評判になります。仕入れの制限も比較的少ないようですが、設計者と施工者が同じなため、設計者が施工しやすさを重視して設計することも多いようです。

私はやっぱり「建築設計事務所」に興味があって、時間を見つけてはネットで調べていたんだけど、オットはあまり関心がないようでした。「オレらはそんなところに頼まんでもかっこいい家が建てられる!」と。そ、そういうことなのかなあ? 「それに、君は人の提案するものを簡単に受け入れる性格ではないので建築設計事務所は向いてない」、だって〜。なんと失礼な。

私たちは土地を探している間、「マキハウス」という会社をじっと観察していました。不動産屋であり、工務店のような、設計事務所のような会社。そもそも、土地と建物を同じ会社に頼むのがいいことなのか、最初はわからなかったけど、このやり方に次第に信頼をおくようになりました。「土地を買ったのに、法的な問題で家が建てられない土地だった」という話、実は結構あるんだそう。

そうそう、手付け金200万円を渡した夜、オットがポツリと言いました。「これ、もし町の不動産屋から買っとったら、手付金の行方が気になって眠れんやったかも……」。もちろん、預かり証明もきちんとあるけど、やっぱりそこは用心に用心を重ねるオットらしい発言。不動産屋を疑ってるんじゃなくて、こっちの心配が絶えない、ということ。だってお金のことだもん。

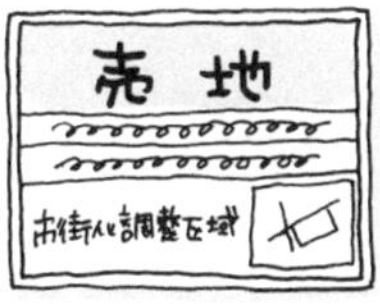

例えば不動産屋で見つけたこんな広告。この「市街化調整区域」というのは建物の建築が難しい地域のこと。でもシロウトにはわからない!

マキハウスは、家を建てるまでが仕事ですから、土地の売買で適当な商売はできません。土地を探すところから、引っ越しまで、私たち施主にとっての窓口は1つ。どの部分で問題がおきても「ウチはそこは関知してない」と言えないシステムです。何かあればすぐに現場に反映されるはずです。また、地元企業ですから、後々の評判・口コミは会社が生き残るための重要な生命線になります。

営業のKさんの案内で、たくさんの完成した家や建築途中の家、職人さんの仕事ぶりも拝見しました。どれもメーカーの「商品」的な家ではなく、建築家の「作品」風な家でもない。建て主の趣味がはっきりと出た個性的な家でした。

それで、マキハウスの社員である建築士に会ってみようという気になりました。

私たちのバイブル「チルチンびと」(風土社)。掲載されている家のほとんどが、新築ではなく住み込んだ家。黒光りする木、古い外国の布、使い込んだキッチン、古食器……。生活感があって、なおかつ美しいのです

川上）「あの土地はだめでした」って私たちに言ってもよかったし。

営業）でも川上さんが待っててくれたでしょう。土地はご縁ですから。

私たちとの出会いは入社2年目くらいですね。

はい。川上さんの場合はやはり土地が大変でした。売り主さんとの交渉が。

約3カ月の空白がありましたよね。

その間ずっと動いていました。

私たちにとってはそれは空白だったんですけどね(笑)。

ですよね。通常は、いい土地が見つかったら買い付け書を出して、契約書を作って約10日。それで契約なんです。実は売り主さん側の不動産屋さんに、売らないと言われたんです。手数料などを差し引くと先方の手元に残る金額が思ったより少なかったという理由で。それで、僕は不動産屋さんにその金額の調整の提案をしていたんです。でもなかなか回答がなくて。

その状況をこちらに教えてくれてましたね。向こうと交渉しているけど返事がない、って。

それで1カ月くらい経ったある日、同じ土地をもっと高く出している広告を見つけたんです。あれ?と思って。今交渉中の話なのに。

それはだめなんですか?

はい、交渉中にもっと高く広告を出す

のはだめですね。

僕はその時点では売り主さんと不動産屋さんは金額の調整をしているだけだと思っていました。それで、話が違うじゃないかと不動産屋さんに言ったら、実はこちらからの提案も含めて不動産屋さんは売り主さんと話ができてないとわかったんです。

で、「直接売り主さんと話させてください」と断って、売り主さんを訪ねました。話をうかがうと、売り主さんはこの話はすでに断っていて、別の不動産屋さんに頼んだということなんです。

そこで、マキハウスは不動産屋でもあるので、売り主さんが2軒の不動産屋に売りに出している状態にすればいいと思って、再度売り主さんご本人にいろいろな提案をして一から交渉しました。

もう一方の不動産屋さんも結構押し押しだったんですよね。

はい、あちらもすぐに買い手を付けてきたんです。しかもあっちの方が高かった。売り主さんとしてはそっちの方がお得です。でも、最終的にはこちらがいろいろ提案したり、足を運んだことをかってくださったのかな。畑のことも話しました。

がんばったんだー。

おかげで勉強になりました。税金のこととか、詳しく知らないと向こうに提案できないし。

「あの土地はだめでした」って私たちに言ってもよかったのにね。

でもあそこに勝る土地はなかったでしょう。土地はご縁ですから。

熱いぞ！

ハハハ。川上さんが待っててくれたでしょう。それが大きかったです。待ってくれなかったら私も交渉しなかったですよ。

営業マンとしては比較的控えめで、おっとりした印象のKさんですが、私たちのあの土地への惚れ込みをおもんぱかってかなり熱心に動いてくださったんですねー。ありがとうございました！

④

家の話、はじまります。

「自然農」の川口由一さんにオットウットリ

十月十九日

はじまると言ってはじまらない、家の話。ちょっとおつきあいください。

さて、家を建てるにあたって最重要テーマの1つがウチの場合は「農」。オットにとって「自給自足」は人生の大きな目標なんですよ。

「自然農」って知ってますか。「耕さない、農薬・肥料を用いない、草や虫を敵としない」という自然に寄り添った農法。土が生来持つ力を信じ、人間はひたすら寄り添います。土にカバーをしたり、草を抜いたり、ハウスを作ったりということはしません。種をまいたらほんの少し水をやるだけ。あとは基本的に雨水のみ。自然界の未来を考えたときに一番負担のない方法なんだそう。

オットはこの農法を提唱しているカリスマ農業人・川口由一さんの映画と講演会を見てノックアウト。それからいろんな文献をあさり、ベランダに飽き足らず「畑」を求めます。

その川口さんが来られるという福岡県糸島郡の自然農体験イベントへ出かけました。

糸島は、農薬を使わない農業に早くから取り組んでいる地域。私の想像をはるかに超えた数の人が静かにじわじわと集まり、イベントは始まりました。作務衣が馴染んでかっこいい川口さんが登場された時は、なんかみなさん、アツかった。32歳にして約60坪の自前の畑を手にしたオットですが、サラリーマンをやりながら本格的な自然農に取り組んでいる方がこんなにおられるんですね。この日は実際に自然農を実践している農家の方の畑をゆっくりまわりながら、質問をしたり、畑のお悩み相談、今後の取り組みなど実践的な論議が交わされました。

オットも例外ならず、「いや～、全てが参考になった!」と得たものは多かったようです。そうかそうか、よかったね!

ぽかぽか田舎日和にうつらうつら。

最初は興味なかった奥さんが、ご主人に感化されてはまったなんて話も。ワ、ワタシもいつかそうなるのだろうか

「一級さん」がやってきた！

十月二十日

「あの土地に家を建てます！」って堂々と言える！　それだけでも幸せなのに、なんと、ウチに「一級さん」がやってきました！　一級建築士の深田晋《すすむ》さんです。30代半ばの物腰やわらかく上品な感じの方。まずマキハウスに設計を依頼する仮契約を行い、30万円を支払いました。請負総額の内金となります。これを払ったからには、とことん付き合ってもらうわよッ。覚悟してよね！　対してマキ側も、家作りの一つひとつを決める注文住宅なので、途中で根を上げないようにと言われましたよ。なぜかお互いプレッシャーをかけあう私たち！

手始めに、私たちは土地の契約を待った3カ月の間に練りに練った「家ノート」を見せました。イラストで描いた間取り図、各部屋のこまかい希望をどんどん書き込んだもの。ありとあらゆる雑誌やカタログ、書籍を調べて作りました。深田さんはヒアリングシートを用意していました。A４で9枚、こまかい確認事項がリストアップされています。一つひとつを確認し合って、お帰りになりました。

濃いぜ〜、濃い話し合いだったぜ〜。集中しすぎて、頭の芯がじんじんと熱を持っています。今日は私、上手く眠れるんでしょうか。そして、これから毎回こんなハードなんでしょうか。待望の設計案は2週間後となります。うっしっし。

「家ノート」を作り上げた貴重な時間

通常、土地を契約してから設計打ち合わせに入りますが、住宅金融公庫との取り決めで、契約後6カ月以内に建築にとりかからなければなりません。納得行くまでいくらでも打ち合わせしたいものですが、そうもいかないわけです。

どんな家にしたいかについては何年も前から考えていたけど、契約までの空白の3カ月が貴重な時間になりました。本決まりにならない土地を思い描きながらの「仮の構想」はなかなか辛かったんですけどね。それに、まあ、おまけの3カ月があっても、結果的には何度もケンカして、ぶつかりあって、ふたりともいっぱいいっぱいでした。

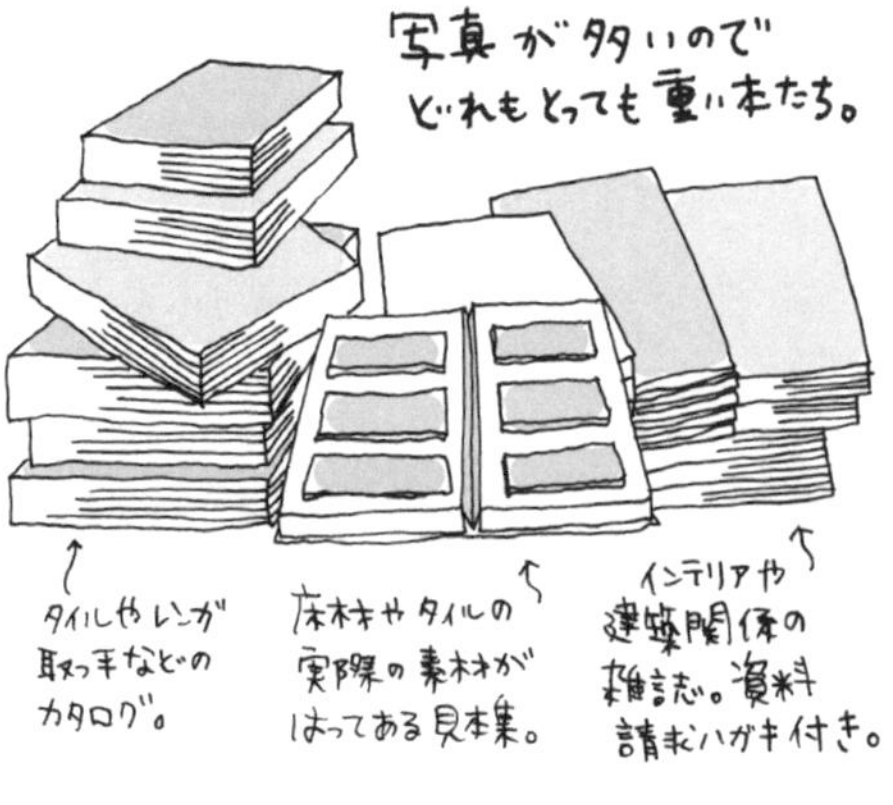
写真が多いので
どれもとっても重い本たち。
タイルやレンガ
取っ手などの
カタログ。
床材やタイルの
実際の素材が
はってある見本集。
インテリアや
建築関係の
雑誌。資料
請求ハガキ付き。

建築雑誌の資料請求ハガキも業務用の部品まで片っ端から出しまくりました！シロウトだけど、どんな情報も見落としたくなかったのだ

「玄関どこよ？」から大わらわ

十月某日

土地の形状が普通じゃないので、どこを玄関にするかというところからずいぶん迷いました。玄関候補は3通り。上の公道から入って建物の2階を玄関にする①案、公共の階段の中腹から入ったところが②案、下の段の手前の既成の階段から上がって上の段にのぼったところを③案。自転車利用が多い私たちなので、玄関までの道は傾斜が少ない方を入り口にしたい。なので①は現実的じゃない。ということで、②にして、掘り車庫のような駐車場を④のあたりに作る計画になりました。

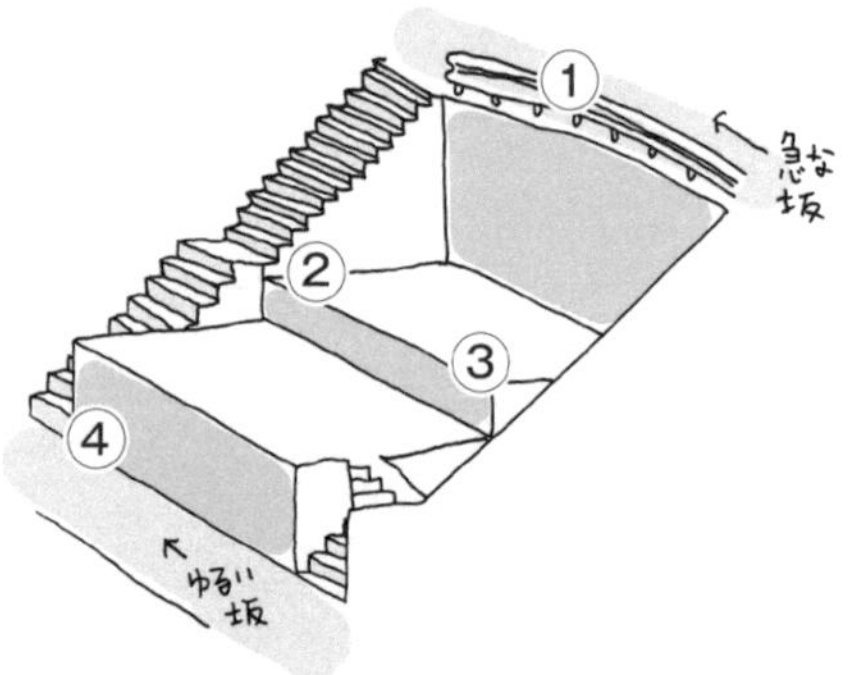

正方形の家

土地を探し始めるずっとずっと前、オットが思い描いていたのは、「正方形の家」。正方形の家ならどんな土地の形にもあてはまると考えたのです（下図参照）。それに正方形なら、

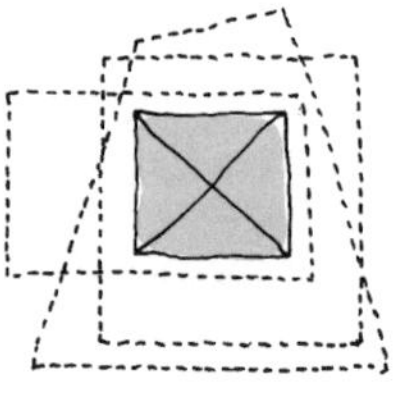

屋根や外壁・基礎の面積を抑えられてローコストも図れるんだそう。そこで、正方形の家の設計図やら模型まで作ってしまったオット。これが家具や窓や家の内部まで細かく作ってあって、なかなかリアル。こういうのができちゃうと、「ここはこんなのがいい」とか「なんでこうなってんの」とか具体的な話し合いのネタになっていい。そこでオットが悶絶し出した！ 正方形だと東西南北４面同じ面積なので、日当たりのいい南側や東側に配置できる部屋の面積が限られてくるってことが判明したのだ！ 確かにそうだね！

オット、最大の優先事項が「日当たり」だということに気が付いたみたい。リビングや寝室はもちろん、トイレも風呂も洗面所も日当たりよくしたい。玄関も植物を置きたいから明るくしたい。日当たりの悪いところはいらない！ 正方形、無理……！

オットのこだわりは広～いデッキ。デッキに面したサンルームのよ

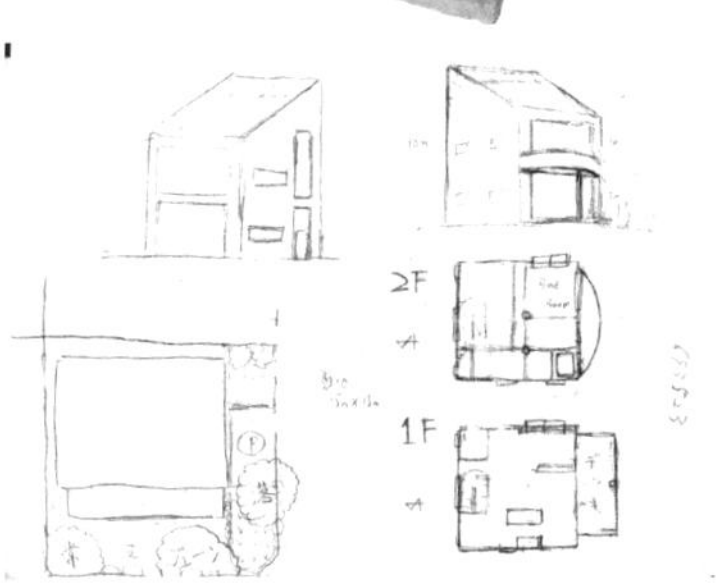

こういうことです。→
実線が家の形、点線が土地の形だと思ってみてください

うなガラス貼りの洗濯室。洗濯室からデッキに出ると、そこはそのまま日をさんさんと浴びることができる「洗濯物干し場」。それは気持ちよかろう。

私たちの設計案

十月某日

ということで、私たちの希望を1つにまとめたのが次ページの設計案！

コンセプトは「飽きないデザイン、ひとクセあるデザイン。風通しがよくて緑が生きる家」。

この案は、実際の土地の比率に対してかなり細長い家になっているので、このままでは実現不可能。だけど部屋のレイアウトは、何カ月も考えただけあって、私たちの希望がしっかりとつまったものになっています。

しかし、レイアウトだけじゃなくて、土地に対してどの向きで家を建てるかってなかなか難しい。だけどとにかく東南方向に何もなくてすこーんと抜けた土地なので、部屋を東南向きにして日の当たらないところを少なくしたいというのがこの頃の悩みでした。

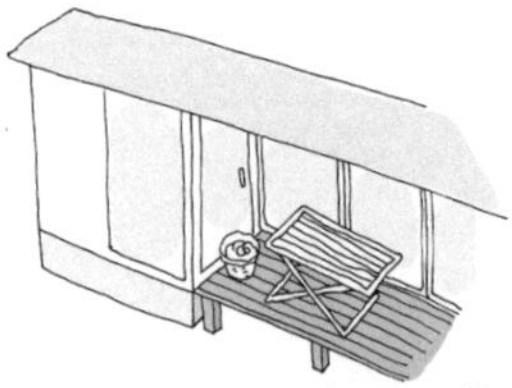

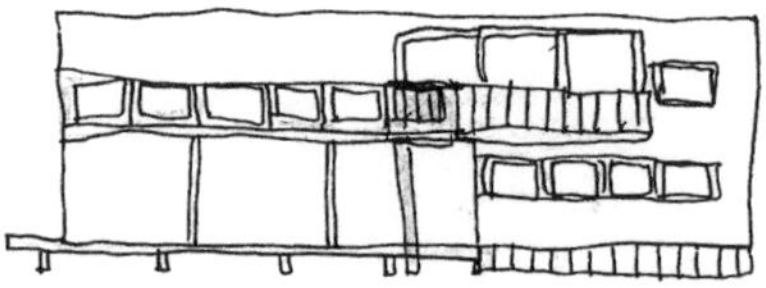

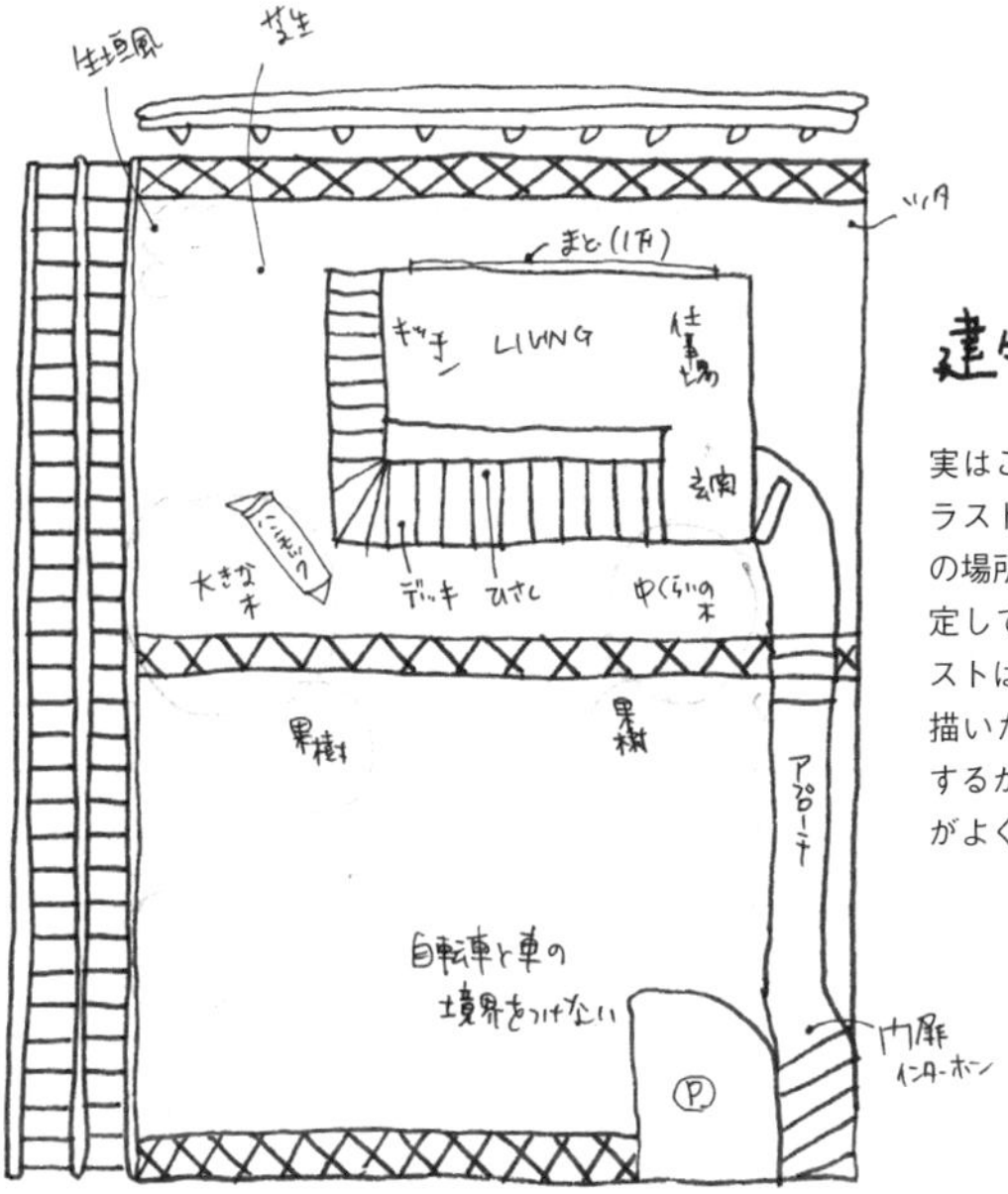

建物の配置案

実はこの時点では、このイラストとはちがって、玄関の場所を公共の階段側に設定していました。このイラストは土地発見後、初期に描いたもの。どっち向きにするか二転三転していたのがよくわかる

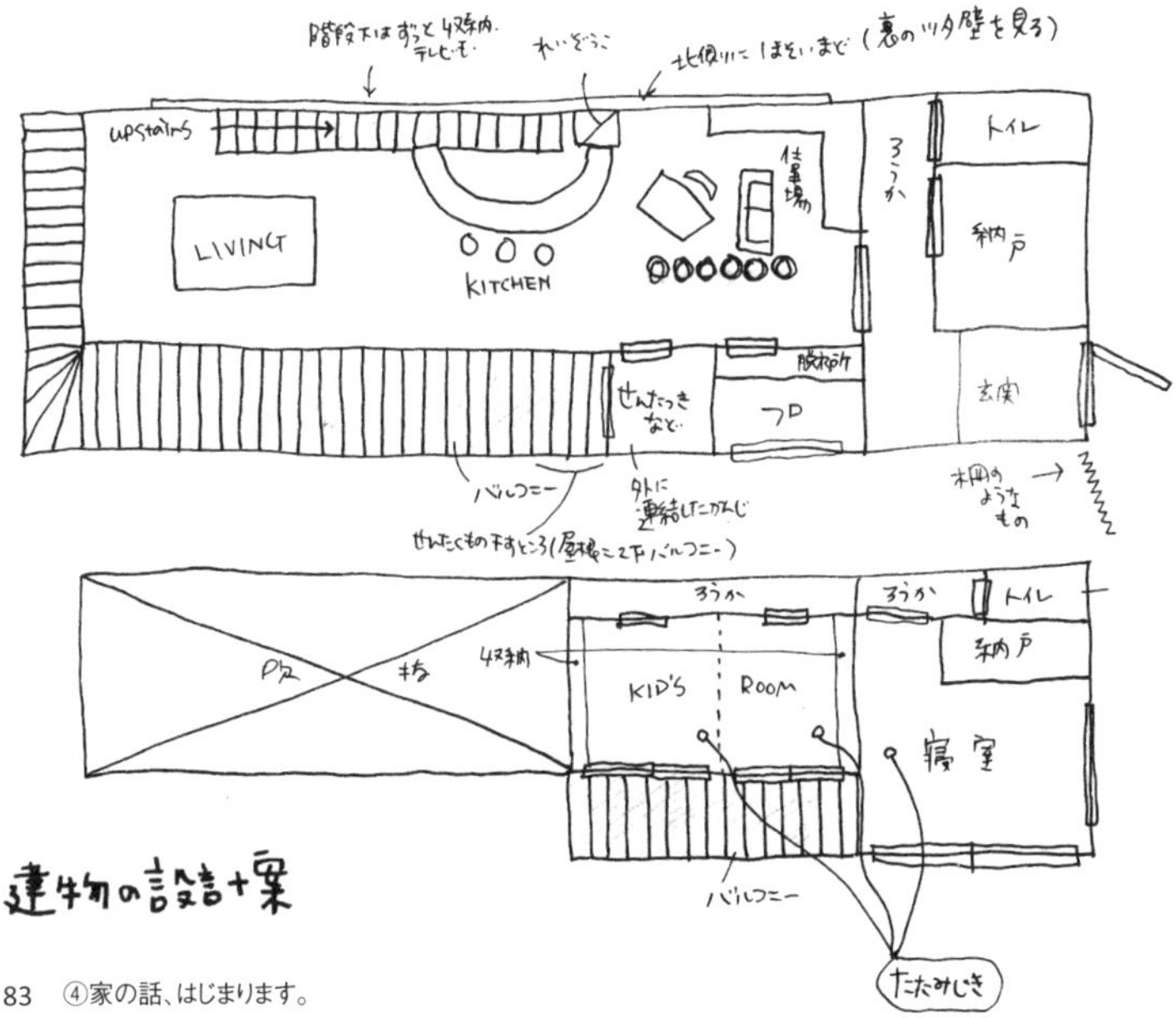

建物の設計案

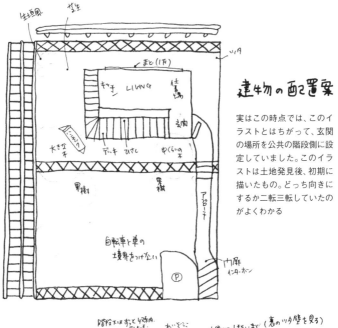

最初の設計案が出た！

十一月八日

約束の前日にKさんから電話。私たちが最初に考えた案が完璧すぎて、その対抗案が浮かばないので、提出の日を延ばしてほしいとのこと。持ち上げるねェ〜！（↑能天気）。結局その4日後、仕切り直しとなりました。「自信作です」ということで拝見。なかなかナーイス。いろんな細かい条件をクリアした良い案です。

寒さ、日当たり、広さ。大きな問題はこの3つでした。天井が高いのと、開口部を広くとって階段が吹き抜けで2階まで続いているので、風通しがいい分、冬が寒そう。オットは冬になると毛布にくるまって生活するほど寒さに弱い（体脂肪率の低さかね）。ずっとマンション暮らしのオットは、「一軒家は寒いよ〜」という

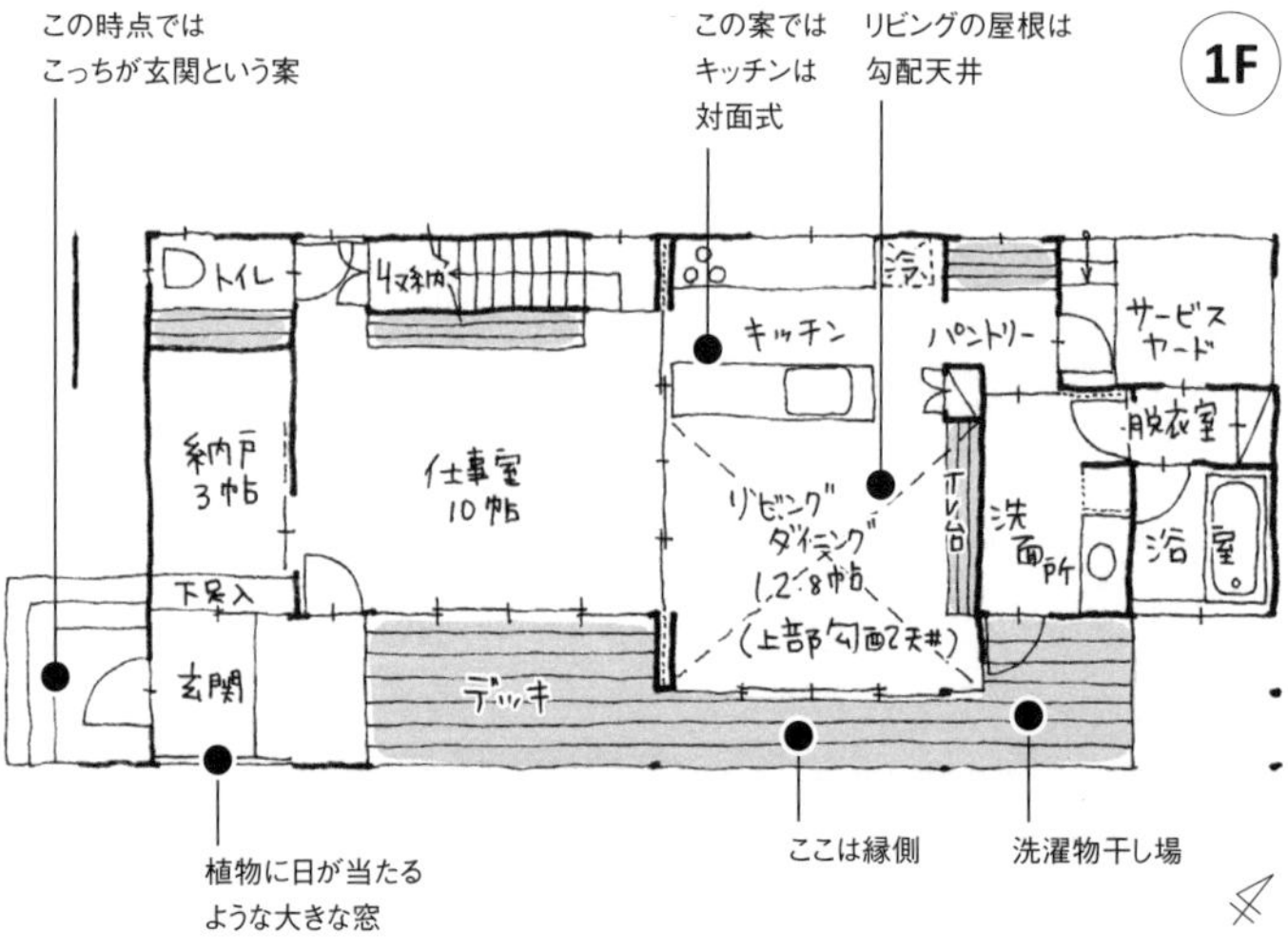

1F
この時点では
こっちが玄関という案
この案では
キッチンは
対面式
リビングの屋根は
勾配天井
トイレ
収納
キッチン
パントリー
サービスヤード
脱衣室
納戸
3帖
仕事室
10帖
リビングダイニング
12.8帖
（上部勾配天井）
テレビ台
洗面所
浴室
下足入
玄関
デッキ
植物に日が当たる
ような大きな窓
ここは縁側
洗濯物干し場

外野の声にかなりびびっていました。「そんなん我慢しろよ～」とも言えず。私はどちらかというと、ちょっと寒くても窓を開けて風通しをよくしたいんだけど（体脂肪率の……）。

日当たりは、午前中はデッキの全面から日が入るけど、午後になると玄関側の壁が日光を遮ることになる。広さについては、延べ床面積が32坪と狭めかな。

また、2階にトイレがない案でしたが、今でも取り合いするので、これは入れてもらうことに。しかし2階に水回りを設けると割高になるらしい！

それと収納場所かな。まずは子ども用になる予定の2階の部屋にロフトを作ってもらって広さを確保。他にも収納をどんどん増やしてもらいました。

最初の設計案

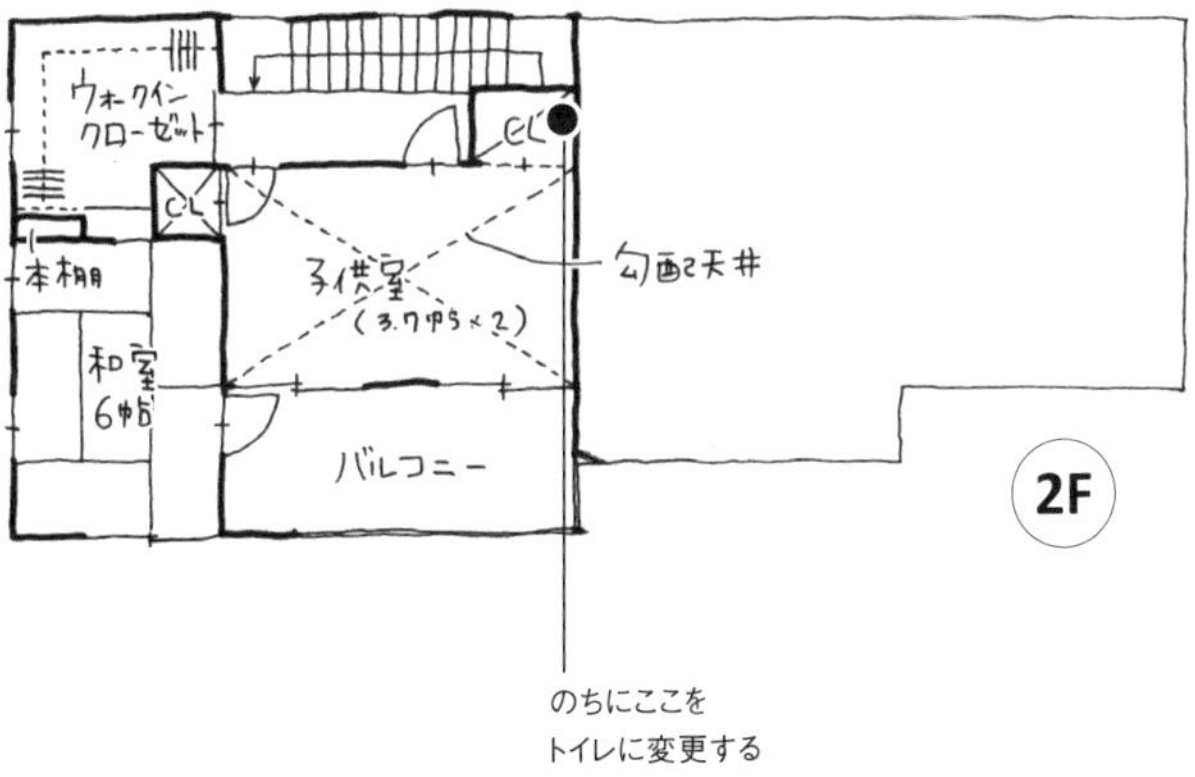

初めて手にする設計書の中身

十一月八日

設計書には建物の平面図に加えイメージラフもついてきました。この外観ラフはとても参考になりました。部屋のイラストは、奥行きを大げさに表現してしまうので、イメージをつかむだけだけど、イメージが具体的になったのでやっぱり嬉しい。

私たちが家の話をするときに重要視していたのが「外観の美しさ」。これは当たり前そうでいて、意外と見落としがちなポイントだと思うのです。例えば窓の付き方。部屋の中から見れば必要な場所にある窓でも、外から見たらランダムな場所につけられた窓はなんだかすごくアンバランスで、外観の美しさを損ねると思うんです。

毎日この外観ラフを眺めていました。

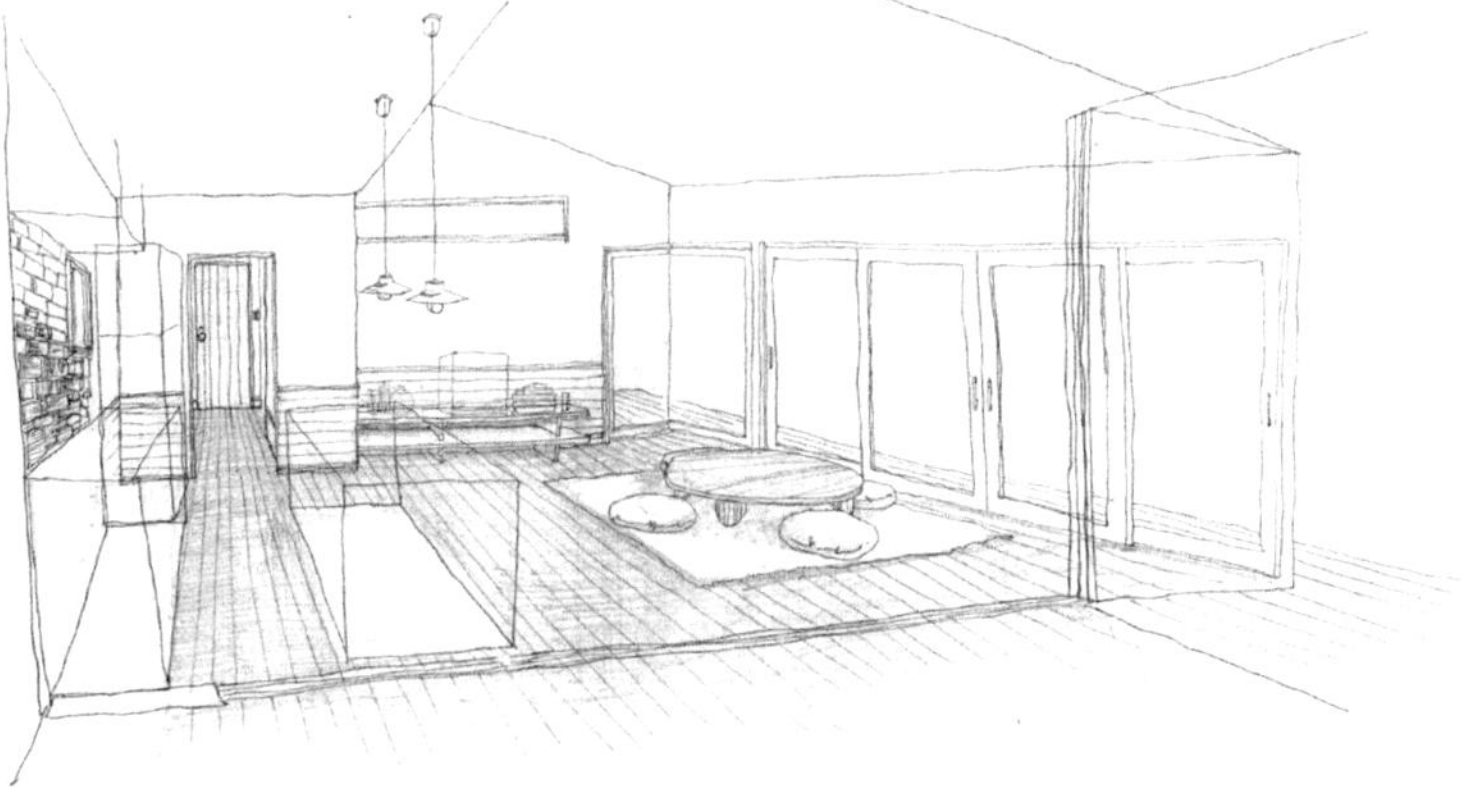

私たちなりの「ぜいたく」

十一月某日

細かいところはもっと詰めていくにしても、大枠としてはいい設計案だと思っていました。だけど、親や身近な人に見せるとこれがなかなか反応が悪いのです。部屋が狭いだの、間取りが変だの、収納が少ないなどなどなどなど。何だかどっぷりへこみました。

しかしよく考えると、それって「好みの問題」じゃないかなあ。例えば、家は広ければ広い方がいいのでしょうか。私たちは「理想の家」の項目に「コンパクトな家」というのを入れていました。あまり大きくても掃除が大変だし、小さく納まってる方がいいと思ったからです。建築士の深田さんに相談すると「家を建てる土地の上段の方をめいっぱい使って、ギリギリまで広くす

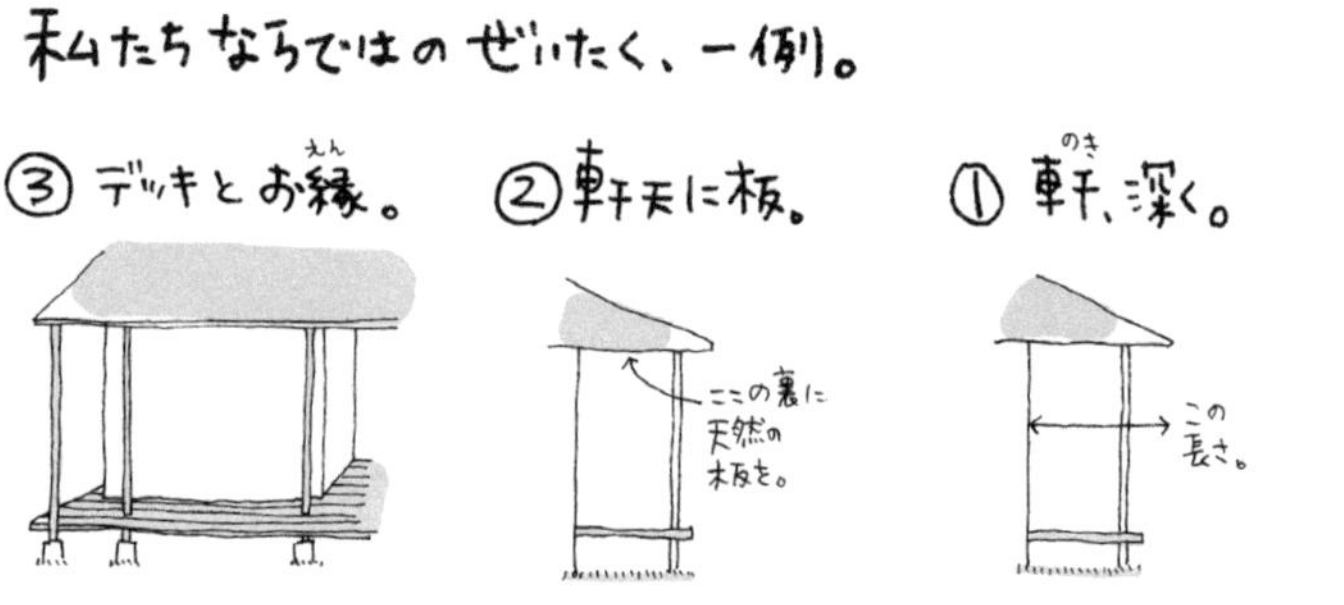

私たちならではのぜいたく、一例。
③デッキとお縁《えん》。
②軒天に板。
ここの裏に天然の板を。
①軒《のき》、深く。
この長さ。

デッキとお縁、両方あるといいな

これも見た目！家の中から眺めたときの美しさよ

見た目もゆったり美しいし、建材に雨がかからないので長持ちするのだ

ることは可能です。しかし、床や壁などに自然素材を使っているので、延べ床面積を広くすると結構コストが上がりますよ」と言われました。そうだよね。自然素材をやめてまで家を広くするつもりはありません。コンパクトだけど自然素材の家、という「好み」は、私たちなりの「ぜいたく」。そして、私たちの家の個性になっていくんだと思います。

逆に、私たちが「こうありたい！」と思う要素は、人からみたらぜいたくなことが多いみたい。「そんなの無駄！」とか言われて。でもやっぱり、無駄だともぜいたくだとも思えないんです。それに、「一般的」だと思われていることでも「それ無駄だなー」と思うこともあるもの。冷静になって、一つひとつ、自分の頭で考えないとね！私たちの家だもの！

④ 自然素材で。

暑さも寒さも、自然素材の家なら気持ちいいと思う！

⑤ 脱衣所。

洗面所で服を脱ぎ着するのはいやだなあ

⑥ 狭く。

適当なサイズが快適な暮らし。理想の快適さを想像するのだ

⑦ 木のサッシ…！

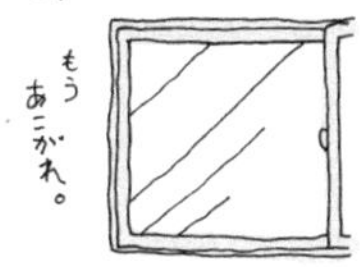

⑧ 巾木《はばき》はいらない。

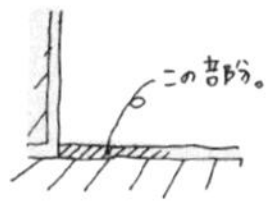

掃除機があたるところについている。でも、壁の美しさを邪魔したくないのでいらないなあ

果てしなく続く怒濤の図面修正

十一月某日

家ができあがるまでひっきりなしに行われた修正のほんの氷山の一角をここにご紹介します。ファクスで「今気になること」「質問」「提案」をずらずらずらと書き連ねたり、雑誌の切り抜きをメールで送ったら、電話で深田さんと打ち合わせ。夜10時から延々2時間なんて、会社員である深田さんにとっては迷惑な話ですよね！　でも、「それならこんなやり方がありますよ」と、本当にしっかりと付き合ってくれたなあと思います。

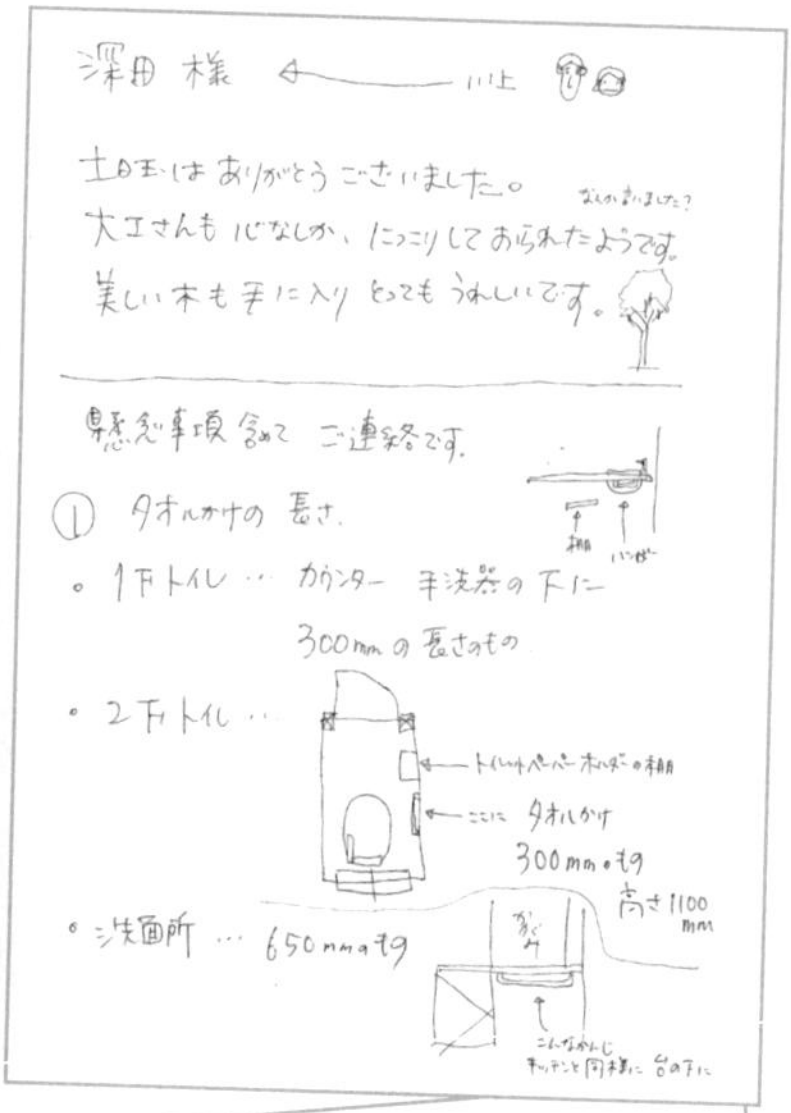

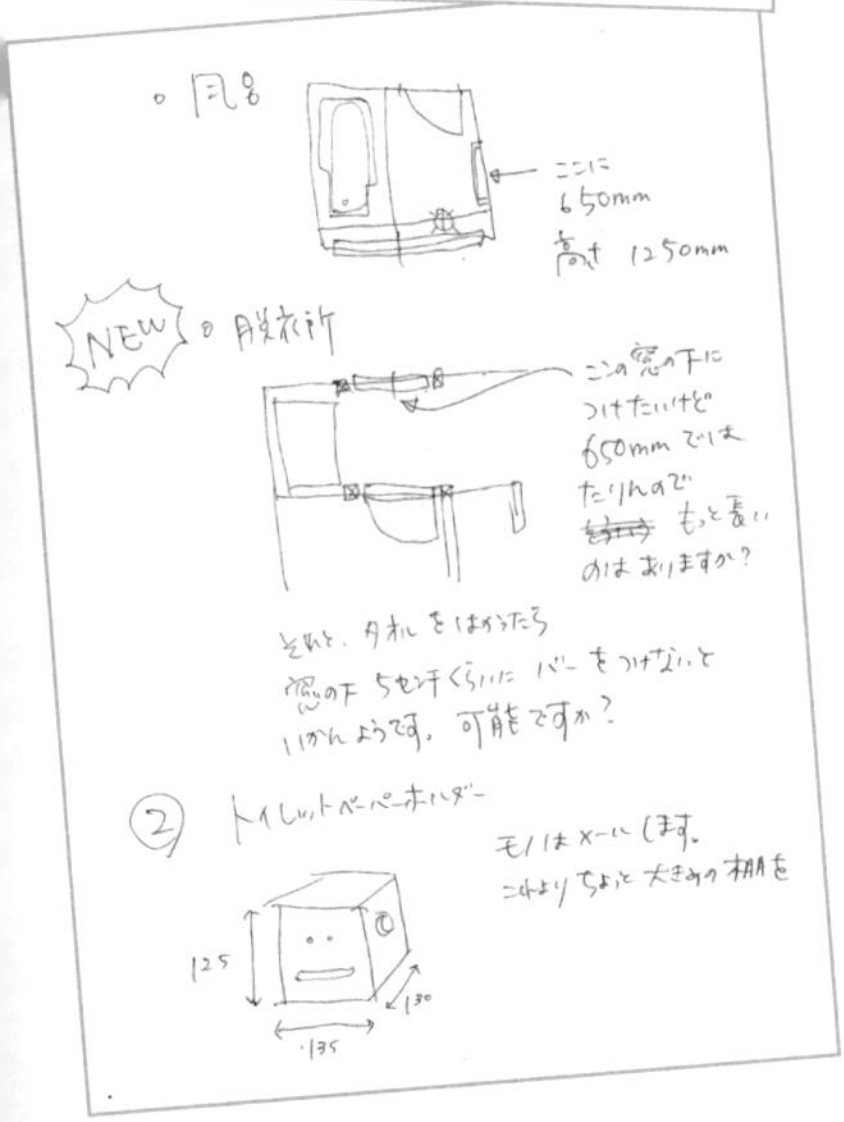

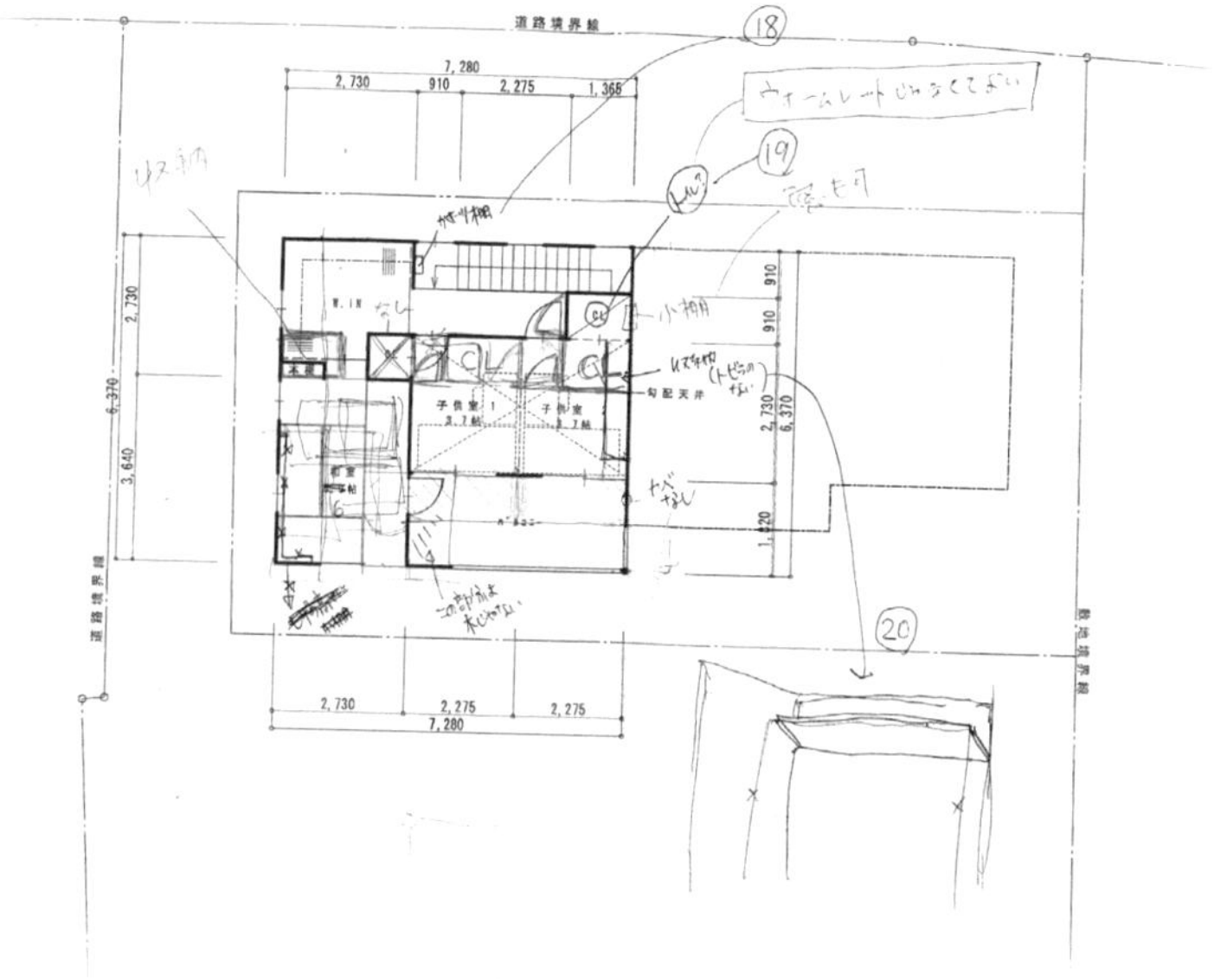
道路境界線
7,280
2,730
910
2,275
1,368
W.I.N
子供室 1
子供室
勾配天井
6,370
3,640
2,730
910
7,280
2,275
2,730
隣地境界線
⑱
⑲
⑳

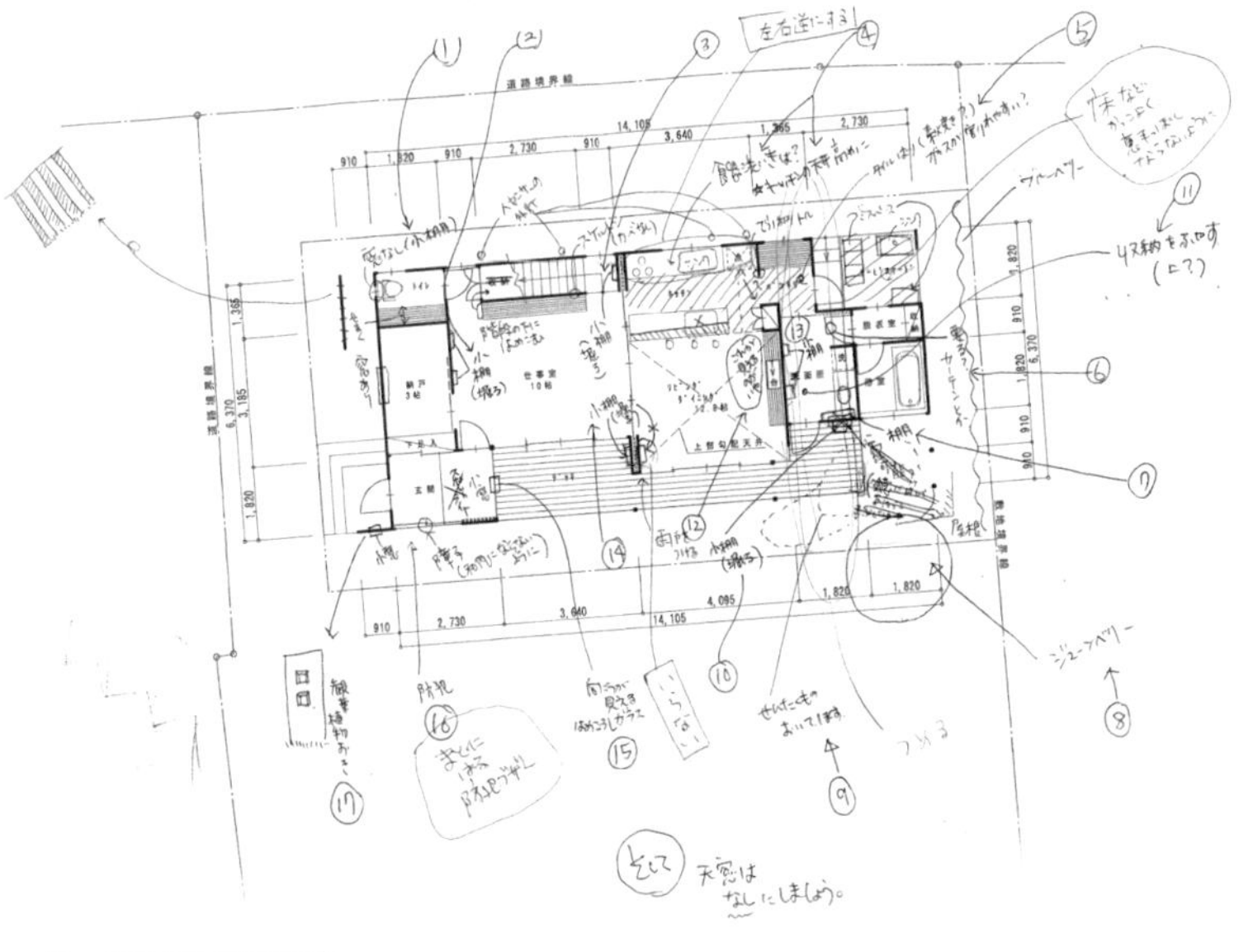
道路境界線
14,105
910
1,820
2,730
3,640
1,365
玄関
納戸
3帖
仕事室
10帖
上部勾配天井
6,370
3,185
1,820
4,095
隣地境界線
ジューンベリー
ブルーベリー
天窓はなしにしましょう。

契約書に判を押すまでの恐怖

十一月二十日

設計書に大体納得できたら、次は見積もりを出してもらいます。見積もりを出すためには、材料をある程度決める必要があります。とりあえず契約成立させて工事を始めるためには見積書を出して総額を見て、一旦金額の折り合いをつけるわけです。もちろん契約後に変更した仕様には、再見積もりが出るので、まだ最終決定というわけではないわけです。それでも……

これがね～。大変でした。気の遠くなるような量のサンプルを見ました。床材、壁材、屋根材、デッキ、サッシ、建具、キッチン、タイル、水洗金具、バスタブ……。一つひとつ丁寧に検討しつつもいちいち決断を下さなければならないから、自分たちの目指す方向を自信を持ってしっかりと認識しておかないと、あっという間に疲れという大波にさらわれてどこか遠くへ行ってしまいそう。それに、「はいコレ、次コレ、この中から選んで～」というのが、なんかものすごくイヤ。これでいいのか。なんかまちがってないか。カタログが全てじゃないのに！

どんどん気持ちが落ち込んできます。でもどうしようもない。お金には限度がある。一番好きなもの、一番いいものを選べばいいってわけでもない。そして今日もあっと言う間に時間が経ち、タイムリミット。打ち合わせは毎回深夜におよび、片頭痛に悩まされ、中洲のネオンがこたえました。

設計の大枠を決める

まずは、設計（どこにどんな部屋を作るかというレイアウトや、強度確認など建築確認申請用のもろもろ）をあらかた決めます

↓

大きな建材を本決め

次に大きな建材（屋根や壁、床、構造）など、金額に大きく関わってくるもの、また着工後に早速使う部材を決定。これはそのまま発注するので、色など細かく検討する

↓

細かい建材を仮決め

その後、建材など150を超える項目を一つひとつ決めていきます。どのメーカーのどの素材のどんな色のものを使うのか。しかしこの時点では時間的な余裕がないのと、こちらの「もっと他も探したい」欲求が強いので、あくまでも方向性の確認のみ

↓

見積りが出る

やっと見積書。そしてひとことでは言い表せない悪あがきが！例えば「理想の家」項目の追加・削除、予算を少しでも増やすためのお金の工面、ダダをこねる、など……

↓

契約・着工

ナントカ自分を押さえ込み、見積額に折り合いをつけたら契約、いざ、めでたく着工

↓

細かい建材を本決め

そして着工と同時に、仮決めした150項目の本決めへの長い旅が始まる……。仮決めするだけでも大変だったのに〜

↓

工事完了

追加見積りが出る

見積もりが出た後に、いろいろ追加したアレやコレやが、工事完了したあとに「追加見積書」として出るわけです。そんなにわがまま言った覚えはないのだが、やっぱり妥協できなかったんだもの。こ・わ・い……

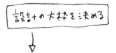

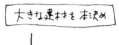

ここが一番辛いんだから！

十一月二十二日

もんもんとしていました。ミーティングが上手くできてない。果てしないチョイスの中から「これ！」と選ぶと、それは必ずなぜか高いヤツ。ひょっとして私は相当にお目が高いのか？ そうやってアレもコレもあきらめたという思いが、ますます元気をなくさせるのでした。そんなとき読んだまつやまたかしさんの『自分で建てたあこがれのアメリカンハウス シロウトでもできる2×4工法の家』（山海堂）に救われました。トムとジェリーに出てくるようなアメリカンハウスへのこだわりや、大工仕事で身体がどんどんぼろぼろになってくる現実的な悩みが語られるのですが、それが本当におもしろくて大変そう。

あー、私は人に建ててもらってるのにつまんないことでイジイジしてた。いかんいかん。オットも「マキハウスにある材料が全てじゃない。向こうの提案だけで妥協せず、自分たちで調べてそれをマキハウスに検討してもらおう！」と活を入れてくれました。

イラストレーターであるまつやまさんが自分で建てているから、イラストも本当に細かいところまで描いてあって読み応えがある！！

そうだ、もっと楽しくやろう。そしてもっともっと苦労しよう。積み上げた膨大な資料をもう一度総ざらえして、気に入らない点を克服する方法を探そう。あきらめるのは本当に最後の最後。ローコストで美しい住宅をめざすのだ。

そのためにはアタマを使うのだ。

落ち込んでいる暇はない。気になる商品のURLをリストアップしたり、海外のメーカーや東京のショップに問い合わせしたり。何かおもしろいものはないか、今よりいいものはないか、見落としていることはないか。

最初の見積もりが出る

十二月二十日

ここで一旦、見積もりを出してもらうことになりました。「それをやったら高くなる」という問題の項目もとり

ひとりで現場にいるときのなんとも言えない心細さと快適さ。実は私もこの後、これを経験することになるのです……

あえず全て入れたらいくらになるのか。最初の見積もり、2470万円(税抜き)。総予算5000万円、土地代2200万円を引いた2800万円のうち、800万円は諸費用、建築費の目標は2000万円なので、470万円オーバー！！

ふ〜ん。お金のかさむ「問題の項目」も入れてもらってこの金額か。いやしかし、これからどうせ増えることになるだろうから、最初からオーバー

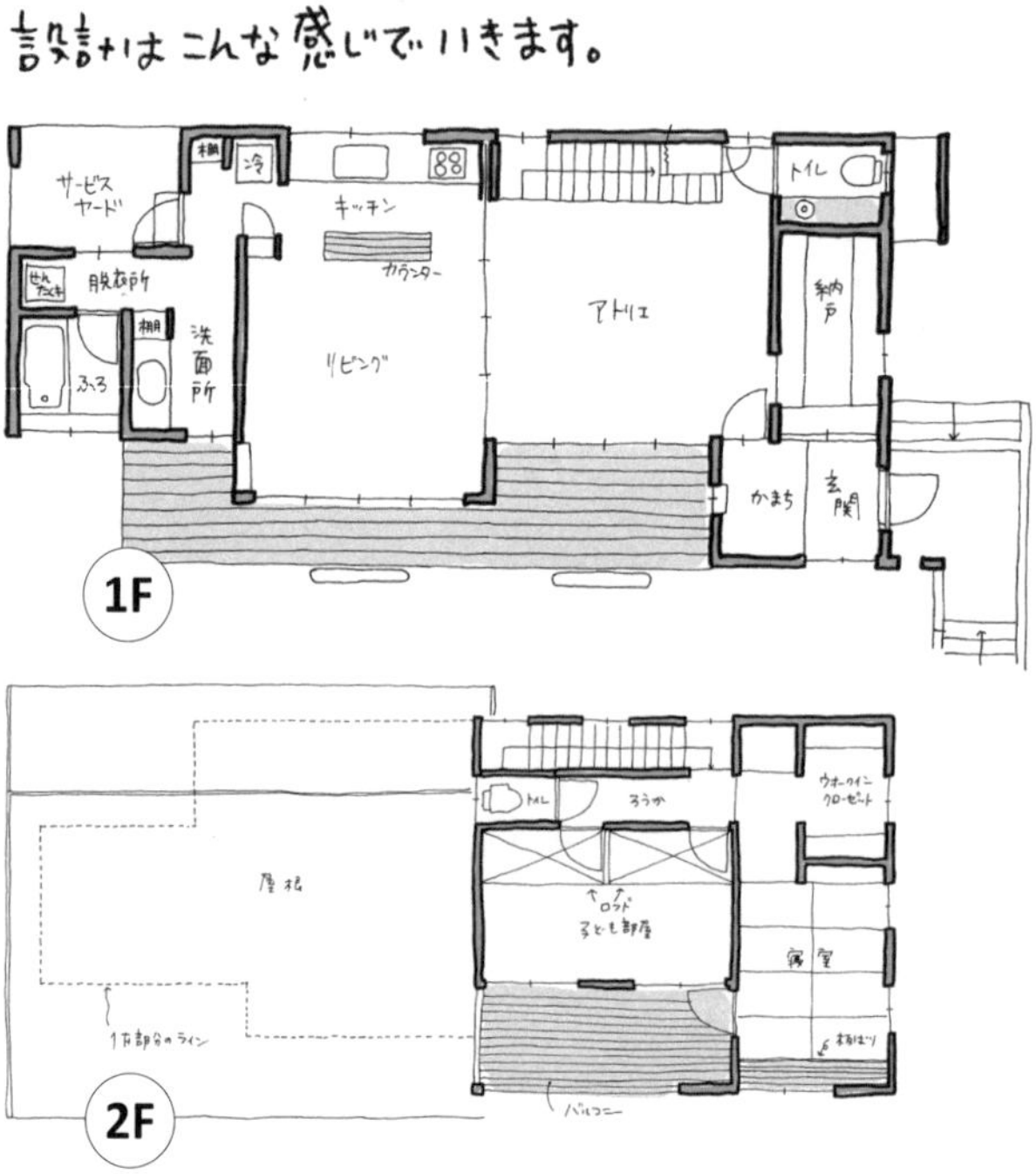

最初の設計案から一番変わったのは、間取りが反転しているところ！オット発案！でかした！ずっとずっと悩んでいた午後の日当たりの悪さが、これで解決するぞ……！玄関も東側に決定し、間取りの大枠の完成を見た。キッチンシンクは窓側へ移動。納戸に棚を付けたりして収納力もアップしました

しているというのはいかんのだ。

深田さんがリストの一つひとつを細かく説明してくれます。マキハウスの見積書は、全工程、材料費と大工手間賃を分けてきっちりと明示されていて、好印象。モチロン見積書を持ち帰って、確認&検討&追加&削除です。

くせ者「つなぎ融資」と土地契約

十二月二十四日

晴れて住宅金融公庫からお金を借りることができました！ でも、実際にお金を受け取ることができるのは、中間資金[※1]の受け取りを希望した場合でも、工事がある程度進んで、役所[※2]の現場審査（中間時）に合格した後。まだまだ先の話です。半年はかかるかも。でも今月には、土地の売り主さんに残額の2000万円を支払わなければならないのです。

そこで買ったばかりの土地を担保に500万円を銀行から借ります。これが「つなぎ融資」です。結構な額をものすごい短期間借りるわけですから、利息はなんと年利3％！ 住宅金融公庫の金利1・15％と比べると、ムキ〜〜〜ッ。中間資金が下りるまで借りると約

※1）中間資金は住宅融資額の80％＋土地融資額が限度
※2）現在（2016年9月時点）は、建築確認等の審査をする民間の審査機関もある（P153コラム参照）

9万円の利息になります。少しでも切りつめたいのに！　ん〜、くせ者！

そこで、私の父が利息1％で1000万円の融資を申し出てくれました。これで銀行から借りる額をずいぶん抑えられました。公庫の融資がおりるまでという念書をきちんと交わしてお金を借りました。「ニコニコおやじローン」です。あとの500万円は手持ちでなんとかしのぎます。

いよいよ土地の売買代金の決済の日。残りの2000万円を払えば、あの土地は晴れて私たちのものになります。この日、「つなぎ融資」の金銭消費貸借契約と土地代金の精算と土地所有権移転登記の申請を同時にやっちゃいます！

場所は銀行の応接室。実印、何回押したかな〜！　用心深いオットは、司法書士の先生（結構なご年配）に「この後、この書類を持ってどんな手続きをするんですか」と所有権移転の段取りについてしつこく質問していました。ぶっちゃけると、オットは万が一にも先生がお金を持ち逃げしちゃったら、などとすご〜し疑っているわけです。まあ、マキハウスの土地売買全般を任されている先生ということで、最終的にはオットも安心したみたい。「しつこくてすみません」と言うと、先生は「いや、不動産取引をなめると痛い目に遭います。ご主人のように、用心深いくらいがいいです」と感心したご様子。疑ったのもバレてるし！

そして、あの土地が正式に私たちのものになりました。

そして二度目の見積もり

十二月二十九日

年も押し迫った頃、二度目の見積もりが出ました。断腸の思いであれこれあきらめたけど、どさくさまぎれにいろいろ追加したりして、減ったのか増えたのかわからない状態。しかしフタを開けてみると２２９０万円台で、想像していたよりは下がっていました。

一番の功労は、深田さん！　床材にスポットで安いパインの無垢材をゲット〜！　それと、内壁を自分たちで塗ることにしたので、手間賃が減りました。しかし、この期に及んでワタクシが確信犯的爆弾発言。「既製品じゃなくて、オーダーキッチンがいいなー」。一同あ然。いやね、キッチンの占める割合の大きい家なので、クールでごつい「作業台」風キッチンにしたかったんです。そこで既製の業務用ステンレスキッチンを入れようと思っていました。でも当然既製品はウチの幅に合わない！「つぎはぎ」もイヤだ！……ってんで、ワタクシ大暴れしまして。急遽キッチンのイメージイラストを描きおこして、深田さんに提出しました。

　そして、ワラにすがる思いで、値引きを打診してみました。しかし深田さんの答えはきっぱり「ノー」。「このご時世にッ」と思ったけど、「職人さんに誇りを持ってしっかりとした仕事をしてもらいたいから」と。ふむ、自信を反映した金額なのだな。では、まだ最終決定金額ではないのだから、職人さんの仕事ぶりで判断しよう。ひどい仕事だったら値引いてもらえばいいんだな。そんなことになるのもイヤだけどね。

見積額が減らない理由その1　雨がもったいない

　どうしても譲れなかったのが「貯水システム」。屋根

希望をぎゅっとつめこんだキッチンラフ。右下はカウンター側のイメージラフ

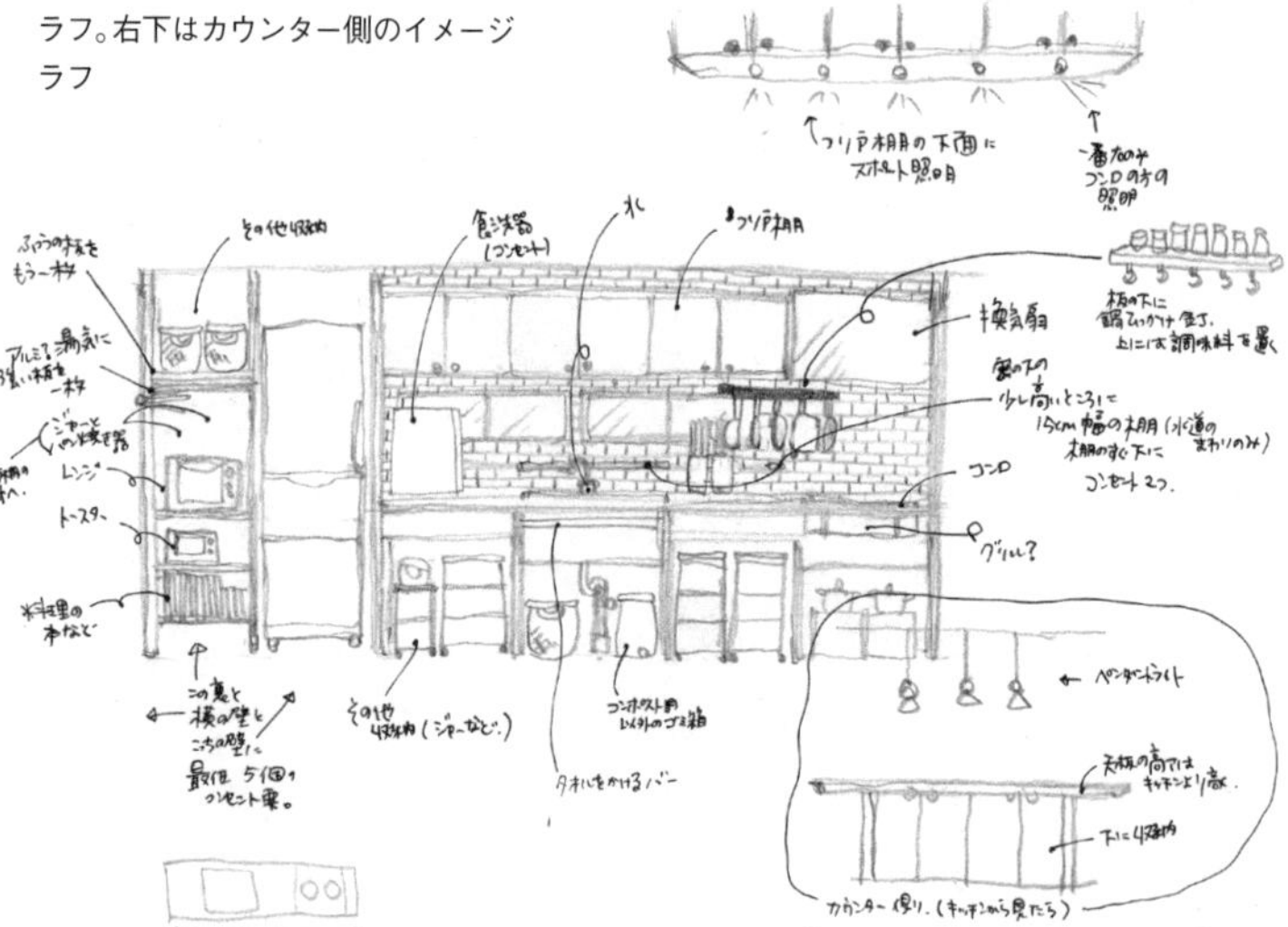

に降った雨水を集めて農業用水に使うというのは、オットの長年のこだわりでした。しかし、どれくらい雨水が貯まるのか、どのくらい農業用水が必要なのかがわからない。それに、大量の水を貯めてしかも使いやすくするには、しっかりした耐久性のある素材の貯水槽がいるし、設置も大変。私の父は「費用に比べてバックが少なすぎる」と大反対。だけど、せっかく軒を深くしたので屋根が広くなって、ここに降った雨が全部貯水槽に注がれる。エコロジーを志す者として「儲けが少ないかもしれない」という理由ではあきらめられない。それにオットは、雨を「もったいない」とはがゆく思う特殊なヒトなのです。私にはそれがよ〜くわかっていました。せっかく自前の畑ができるのです。自由にやってほしい！

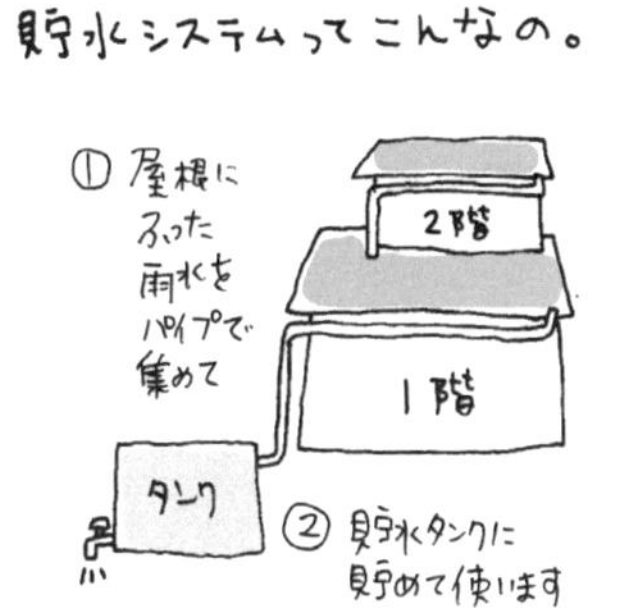
貯水システムってこんなの。
① 屋根にふった雨水をパイプで集めて
2階
1階
タンク
② 貯水タンクに貯めて使います

プラスチックタンクは屋外ではすぐにだめになる。長持ちする素材を使うと、それに水を貯めるのだからものすごく重くなるはず。土台はどうする？　そもそも、どのくらいの大きさのタンクが必要なの？？

わからないことが多すぎる。そして、わからないことが多い時って見積もりが出るのも時間かかるというのも、そろそろわかってきましたよ……

あぁ…
雨を「もったいない」と思う人。

見積額が減らない理由その2

シロアリ対策の考え方

「シロアリ対策はしっかりお願いしますネ！」という人もいれば「シロアリの薬ってそんなに強力なんだ……（怖）」という人もいるわけですよ。ウチは後者。

防蟻《ぼうぎ》処理は、地盤から高さ約1メートルの木材に薬を散布します。私たちは、薬が雨で流れて、下段の畑に有害な物質が浸透するのを恐れていました。しかし、「無害な薬」というのがまたこれ高額。やっぱりね。どうしてこう値段をつり上げてしまうんでしょう……。

シロアリに強い木材なら薬はいらないのではと調べてみると。湿気やシロアリに弱い「米ツガ」を使う家も多いとわかり、逆に不安になってしまいました。すぐに深田さんに確認すると、マキハウスは土台と通し柱にヒノキ、その他の構造材には杉を使っているとのことで、ひとまず安心。最高級とはいえないけど、かなりいい木材を使うそう。

デッキには当初ツーバイフォー材という湿気に弱い木材を使う予定でしたが、「イエローバラウ」という雨水に比較的強い材に変更。一

ここで防蟻処理を
おこなうと
雨がふって
薬剤が下段に
流れるのではないか。

沖縄出身の義姉に防蟻処理の話をしたら「それは農薬です」と断言された。沖縄では古くから貯水システムや、ハーブのシロアリ対策をやっている

生腐らない木材はないけど、できるだけ湿気に強い木材を選んでいくしかない。

結局、最近主流の高性能な薬を十分に気をつけて使ってもらうことで決着しました。処理の日にはしっかりとチェックしに行かないと。

見積額が減らない理由その3

そしてさようなら、木サッシ

木サッシああ木サッシ木サッシ。憧れでした。古屋とか、古い校舎とか。嗚呼〜。最初の打ち合わせから、私の一番の希望でした。しかし、最後までこれがネックでした。

国内メーカーの「木調サッシ」は気密性は高いけど木はニセ物。本物の木を使った海外商品は高額だし、開き方やサイズなど制限が多すぎる。寒冷地向けの本物の木サッシも超高額商品。建具屋さんに作ってもらえば思い通りにできるけど、手作りなので気密性に問題あり。オットは「寒いのだけはダメ」と首をタテにふりません。「カフェの木サッシ、あれは!?」と深田さんに詰め寄りましたが、答えはノー。ショップの木サッシに気密性は必要ないのだそう。基本的にショップに寝泊まりしないし、営業時間中にはガンガンエアコンを効

カフェといえば
木サッシ。
(私のイメージ。)
OPEN

かせられるから。ショック。夢の木サッシはどうやっても私から遠ざかっていく。とうとう見積額を最後までつり上げていた木サッシをあきらめることにしました。これは本当に涙が出ました。美しい家に木サッシ、さようなら……。

しつこく代替え案として考えた「なんちゃって木サッシ」。通常アルミサッシのまわりに木枠を貼りますが、それを構造上可能な限り太くしてもらうことにしたのです。これならまわりの木がサッシで、アルミサッシは部品の一部みたいに見えないかな〜、と。ダメかな〜。泣く泣くメーカーに通い詰め、厚めの窓枠に合う理想の色のシルバーサッシを探しました。

また、外から見たアルミサッシのかっちょ悪さをかくすために、木の格子を手作りにすることにしてもらいました。だって、アルミの格子がまた納得いかない！

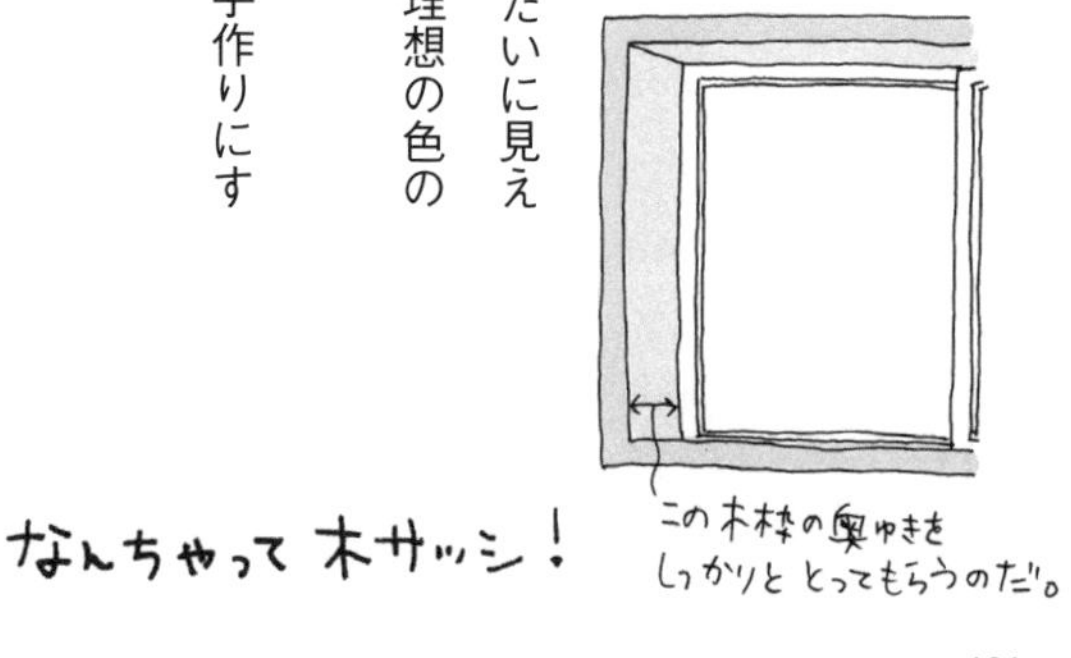
この木枠の奥ゆきを
しっかりと とってもらうのだ。
なんちゃって 木サッシ！

請負契約書に判を押した！

一月二十六日

とうとう請負契約書に判を押しました。再見積もりで２１９９万円（税抜き）。これは、マキ側も細かい発注金額の見直しがあったのではないかと思います。私たちも、あまり値切るのも職人さんの仕事に失礼だし、気を悪くしてほしくないという気持ちもあります。だけど、お金は湯水のようにあるわけじゃない。そしてなによりひとまず見積額に折り合いをつけないと話が進まないことも事実。

しかし外構費（エクステリア）がちょっとオーバーしました。土地の段差など、悪条件も多いので、割高になるのは覚悟していたけど、ちょっと痛い。そして、これが後で激痛になることに。

これでマキハウスに正式に家の建築を頼むこととなりました。とはいっても仮決定のものばかりで全然安心できなくて、むしろこれからという感じ。すぐに工事が始まるから、3カ月後の棟上げまでには、おおかたの建材を本決めしなければならず、プレッシャーがかかります。

地鎮祭の日取りも決定しました。2週間後です。

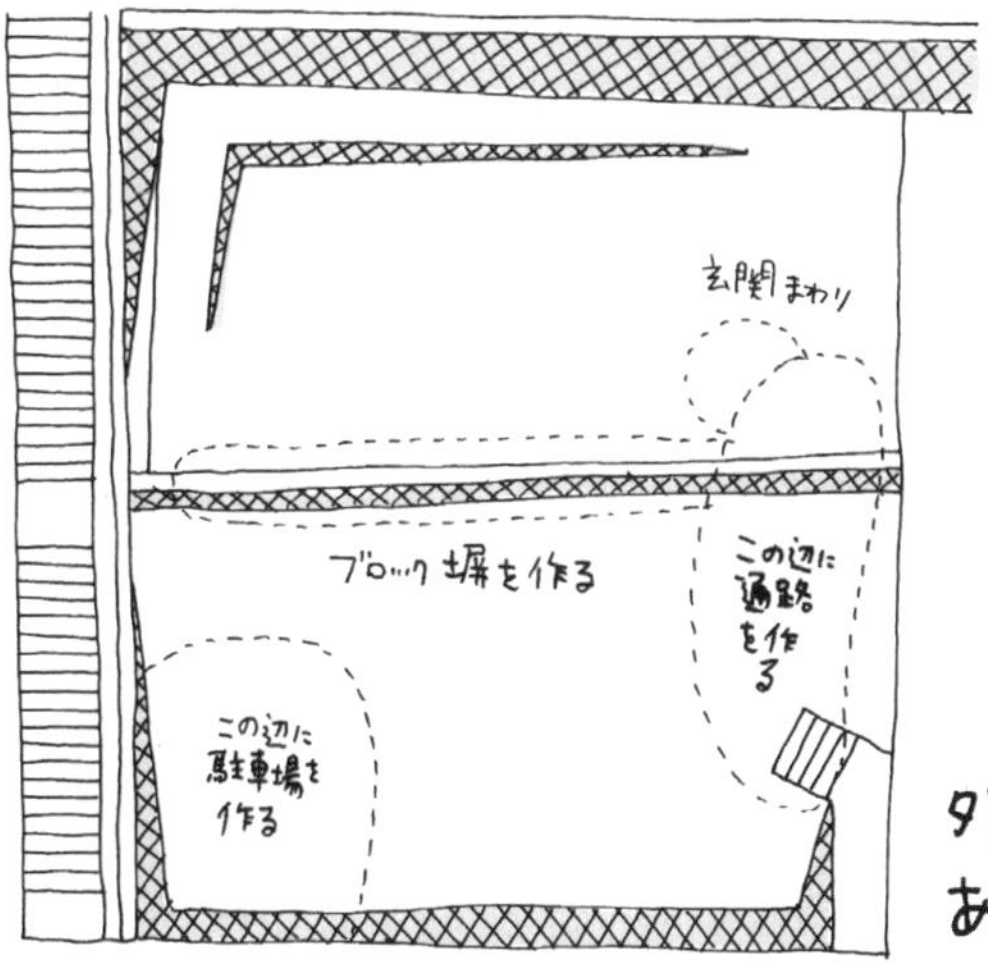

外構工事のあらまし

つくったひとにきく・美しさと住みやすさが共にある家　～建築士　深田晋《すすむ》さん

深田）**建てたいのはシンプルで彫刻的な家。住みたいのは川上さんみたいな家。**

川上）**でしょう～？（笑）**

設計士と建築士って違うんですか？

建築士と名乗るには免許がいります。免許を持ってない人も含め設計の仕事をしている人を設計士といいます。建築家というのは自称ですね。

建築士になりたいと思ったのはいつですか？

小学４年の頃です。父が家を建てたので毎週見に行ってました。小学校の文集には「世界一の建築家になる」って書きました。方眼紙に家の立面図を何枚も描いて遊んでいましたね。高校２年生になる時、建築士になるため理系を希望していたのに、入れなかったんです。美術専攻の生徒で理系希望がふたりだけでクラスが作れなかった。先生に交渉したら、生物を専攻すれば３年で理系に行けると言われて。でも大学受験のとき生物で受けられる建築学科がなかったんです。

建築士は理系なんですね。

しかたないので早く社会人になっていろいろ経験を積もう、と専門学校にしました。世界の建築家・安藤忠雄は高卒なんです。大きな見本です。

学校の勧めで、建設コンサルタント会社に入りました。道を作ったり河川を改修するときに立ち退いてもらう建物の評価をするための図面を描いていました。壊す建物の図面です。

それは夢がない仕事だ。

全然おもしろくなかった。それで1年ちょっとで転職しました。建売りの仕事が多い会社です。決められた枠の中でひたすら図面を引く仕事です。お客さんとの接点もほとんどなかった。

で、辞めたんですね。(笑)

次は病院の設計をやってるところです。上司は自分で学べというタイプで、毎日深夜まで、何から何まで自分で調べて、図面を描いていました。

僕は少しでも早く一級をとりたかった。将来独立するなら免許は必須です。でも毎日遅くまで仕事してたら試験勉強ができない。これじゃ、いつ独立できるかわからない。で、辞めて学校に行って、一級をとりました。

働きながら、ですか?

はい、医療機関でバイトしてました。病院の建築に興味があって、人の動きを観察するためです。受付があって、問診室、レントゲン室……という感じ。病院は人が回復していく癒しの場所です。先生や師長さんの話もおもしろくて。自分の知らない世界でした。

えーっと、その頃おいくつですか?

25です。

今の話は5年間の話なんですね。

一級の結果待ちの間、建築家N氏の事務所でバイトしました。ここは理想の職場でした。磯崎新という神様的な建築家がいて、その人の弟子です。その後、病院設計などをしている設計事務所で働きました。

あのー、意外と波瀾万丈ですね。失礼ですけど、深田さんがそんなにハングリーな人だとは。とっても恵まれた環境で、いい大学出て、いい会社に入って、と。

若かったし、がっついてました(笑)。学校出た頃は扱いにくいヤツだったと思いますよ。二級をとった時も絶対一発合格したくて、勉強のために残業にすごく抵抗があって。上司に怒られて。

設計の仕事は楽しいですか。

一番面白いのは、例えばパン屋さんなら、自分がパン屋さんになったつもりでいろいろ想像できることです。設計者だけど、使い手にもなれるんです。いろんな人になれる。

病院がおもしろくてバイトしちゃうくらいですもんね！

マキハウスに就職するまで、住宅をきちんとやったことがなくて、住まい手の話を聞いて作るというのがなかったんです。僕の好きな宮脇壇という建築家が、住宅のおもしろさを言ってました。で、マキで在来工法をやろうと。

川上さんは何といっても壁をご自分で塗ったというのが印象深かったです。お施主さんが塗ったってわからないほど。

そうでしょうそうでしょう。フフフ。

川上さんの家は使っていて緊張しないのがいいです。僕はもともと、直線で構成された彫刻のようなかっこいい空間が好きだったんです。でもかっこいい空間は、帰ってきて服をその辺に置けない。ゴミ箱1つ、ものすごく気になる。隅々まで気を遣ってないといけない。

安い家具とか置けない、みたいな。

そう。そういう空間が好きなんですけど、実際自分の住まいとなるとどうかなあ〜みたいな。

私ね、家を建てたところで人の性格は変わらないと思うんです。脱いだ服をその辺に置く人は引っ越しても置く。なら、そのつもりで家を作ればいい。脱いだ服をうまく隠せるとか、そういう仕組みを作る。家を人に合わせる方がいいですよね。

そうそう。

でも確かにかっこいい部屋に銀行のカレンダーとかあるとがっかりですよね。私、その辺徹底してますよ。

だからマキではトータルに提案してコーディネートして……。

そりゃそうだけど、予算もあるし、最初かっこよくしても、キープできるかどうかはその人の美意識ですよ。

そうなんですけどねー。

で、僕、川上さん家みたいな緊張しないテイストの家を作ったのが初めてだったんです。打ち合わせでは川上さんは「千本格子の光のもれ具合が」とか言って細部まですごくこだわってましたよね。でも、実際できあがると緊張しなくて使えるし、ちょうどいい具合の空間になっていて住みやすい。今僕が住みたいのは川上さんの家みたいなところです。自分で言うのも何ですが。

お！ ホメホメですね！

少し気持ちが変わりました。建てたいのはシンプルで彫刻的な家。住みたいのは川上さんみたいな家ですね（笑）。

マキの職人さんはどうですか。

はい、安心してまかせられます。

自分が設計した物を最後までクオリティを下げずに、どっちかというと上げ気味で仕上げてくれるパートナーがいるのはいいですね。

そうです。職人さんでもただ雇われてるという感じだと図面通りで、それでは困るんです。確かにそう描いたけど、もうちょっと考えてよ、と。そういう意味でも、とてもいい職人さんですね。

博多弁が出ない。福岡は長いけど、幼少時住んでいた下関を今なお故郷と感じている。「博多弁にはいまだになじめないんですよ」。その感じが上品で苦労していない雰囲気を思わせたけど、どっこい、苦労人だった。そして、確固たる夢のためには1分1秒でもむだな時間を過ごしたくない、という気迫。意外だったな〜。毎回仕様打ち合わせは8時間を超えていたけど、ずっとニコニコしててくれた。丸くなったんですね。

現在は独立しておられます。気になったらチェック！
「株式会社SYN空間計画」 http://syn-sp.com/

コラム もし業者が倒産したら……？ 絶対ないとも言えない話

この本の発行人である書肆侃侃房の田島安江さんが突然すごいことをおっしゃった。「私なんか、家建てたとき、工務店が倒産したものね」

田島さんが家を建てたのは1980年。地場の工務店にとんがり屋根の注文住宅を発注しました。木工事が完了し、内装工事が始まる頃。ある朝、新聞に目を通すと、今まさに工事を発注している工務店の名前が……?なんと会社更生法を裁判所に申請したというのです！ひえ～！

すぐに現場へ！引き渡しを楽しみにしていたわが家には1枚の紙が貼ってあり、そこには裁判所の名前で「立入禁止」とある。昨日まで工務店の人や設計士と打ち合わせをしていたのに、こんなことって……?紙に記してあった連絡先に電話。工務店の債権がどうなるかわかるまでに2～3カ月かかるということ。折しも、中間金を払った後でした。

結局、田島邸は工事がずいぶん進んでいて、不動産登記も終わっていたことから、3カ月後、残務処理として速やかに工事が行われました。大工さんも引き続き仕事をしてくれました。修繕やリフォームも同じ大工さんに頼んだということです。いいスタッフだったようですね。

こんなことはよくあることではないけど、絶対ないとも限らない。もしそうなったら私たちにはどうしようもない。でもトラブルを最小限に抑えたい!そのためにはまず、書類にきちんと目を通し、わからないことは聞く。いつ建物が自分のものになるのか。工務店側の、財産の所在を左右する重要書類の扱い方は丁寧か、疑問を感じるようなやりとりがないか。

施主側はシロウトだし、他にも検討しなければならないことが山積みなんだけど、それでも、大量のお金が動いているのだから、何か起きたときの金銭的・心理的被害は計り知れません。少なくとも後悔だけはしないために……。

⑤

基礎工事です。

……え？ 地盤がゆるい？

一月末日

さあ～、工事工事！

じゃないのっ？ え？ 地盤がゆるい？ なんじゃそりゃ～！ もういやだ～。またお金がかかるんでしょ～！

通常、土地契約後に「地質調査」を行い、地盤の強度を確認してから基礎作りに入ります。地盤がゆるければ、どんなに頑丈な家を建てても全く意味がありません。

私たちが購入した土地は古い造成地で、山を「切り土」して作った土地だと思っていたので、ほぼ安心していたのです。でも実は調査によると傾斜地に土を盛って作られた「盛り土」。一般的には、「盛り土」より「切り土」の方が地盤が強いとされています。

私たちの土地は、一部の地盤がとてもゆるく、深～いところまで鋼管杭を通さなければならないとか。しかもその数と長さは普通の一軒家では考えられないくらいいらしい！ 詳しい知人に数値を見てもらっても結論は同じでした。

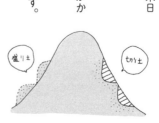

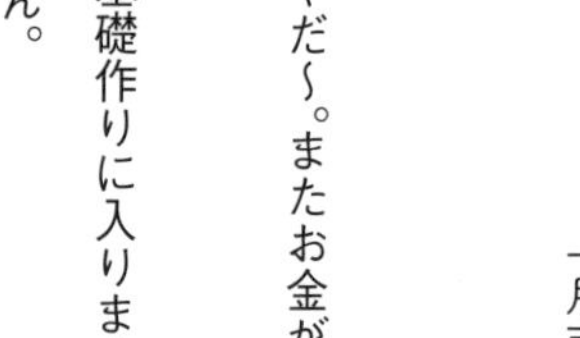

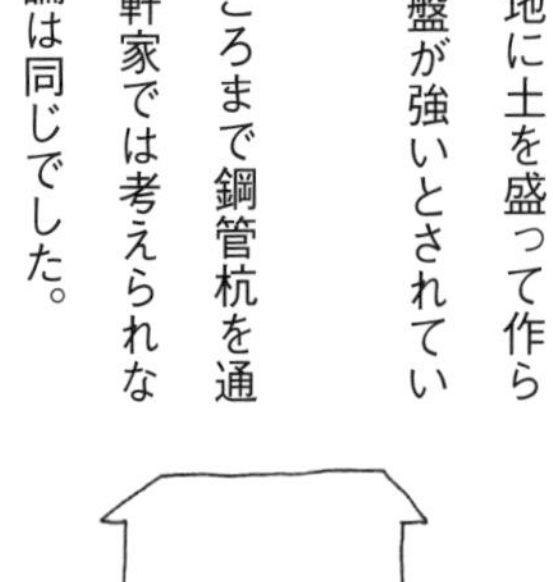

ハイ、追加約100万円! どうにか切りつめてきたのに〜。土地契約後にしか強度調査ができないなんて! 建物の保証ができないからやるしかないし。申し訳なさそうな深田さん。まあ、施主側に大きな金額の負担を強いてまでも、強度をきちんと追求するマキハウス側の姿勢は好評価だけど痛すぎる。

こんな土地、こんな家

二月一日

さて、やっと工事開始です。ふ〜。正直、不安です。今度はどんな障害が待っているのか……。気を取り直して、私たちの理想の家、5つの条件をおさらいします。

①飽きのこないシンプルなデザイン
(100年住んでも大丈夫!)

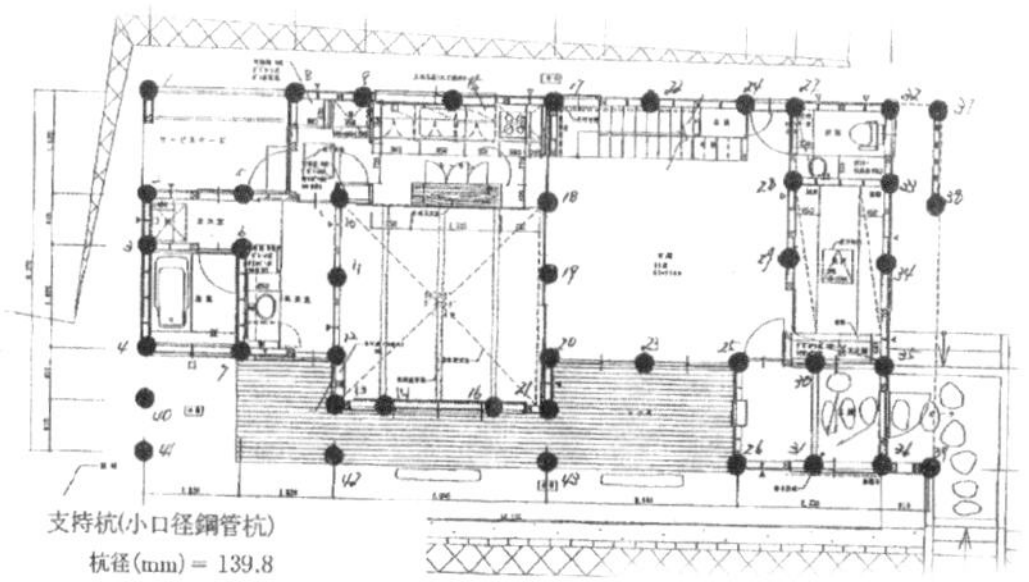

支持杭(小口径鋼管杭)
杭径(mm) = 139.8
杭長(m) = 3.0〜6.0(平均4.5m)

43本、長いもので6メートルの鋼管杭を打った(●が鋼管杭)。杭と家は固定せず、家が杭の上に乗ってるという感じになるらしい。地震の影響を受けないよう、だそう

②でも、他に見たことないデザイン
（洋風和風アジア風、ナントカ風はいや！）
③風・緑・光にかこまれていること（寒いのも暑いのもある程度受け入れる！）
④必要な機能だけを最低限備えてローコスト（自分たちならではのぜいたくを！）
⑤エコロジーと畑の連結システム（目指せ自給自足！）

理想の土地に出会ってから、常にこの5つを念頭に、毎日毎日毎日毎日家のことばかり考えてきました。それとは別に、大枠が決まったので、細部に「遊び」を意識しはじめました。よく見ると「わはは！」という遊びを取り入れて、毎日ニコニコと暮らしましょう！

土地の神様、こんにちは

二月六日

地鎮祭ですよ。売り主さんとお会いしたときも感じましたが、土地にはいろんな「思い」が宿っています。そんな思いに向き合って、新参者として挨拶をします。

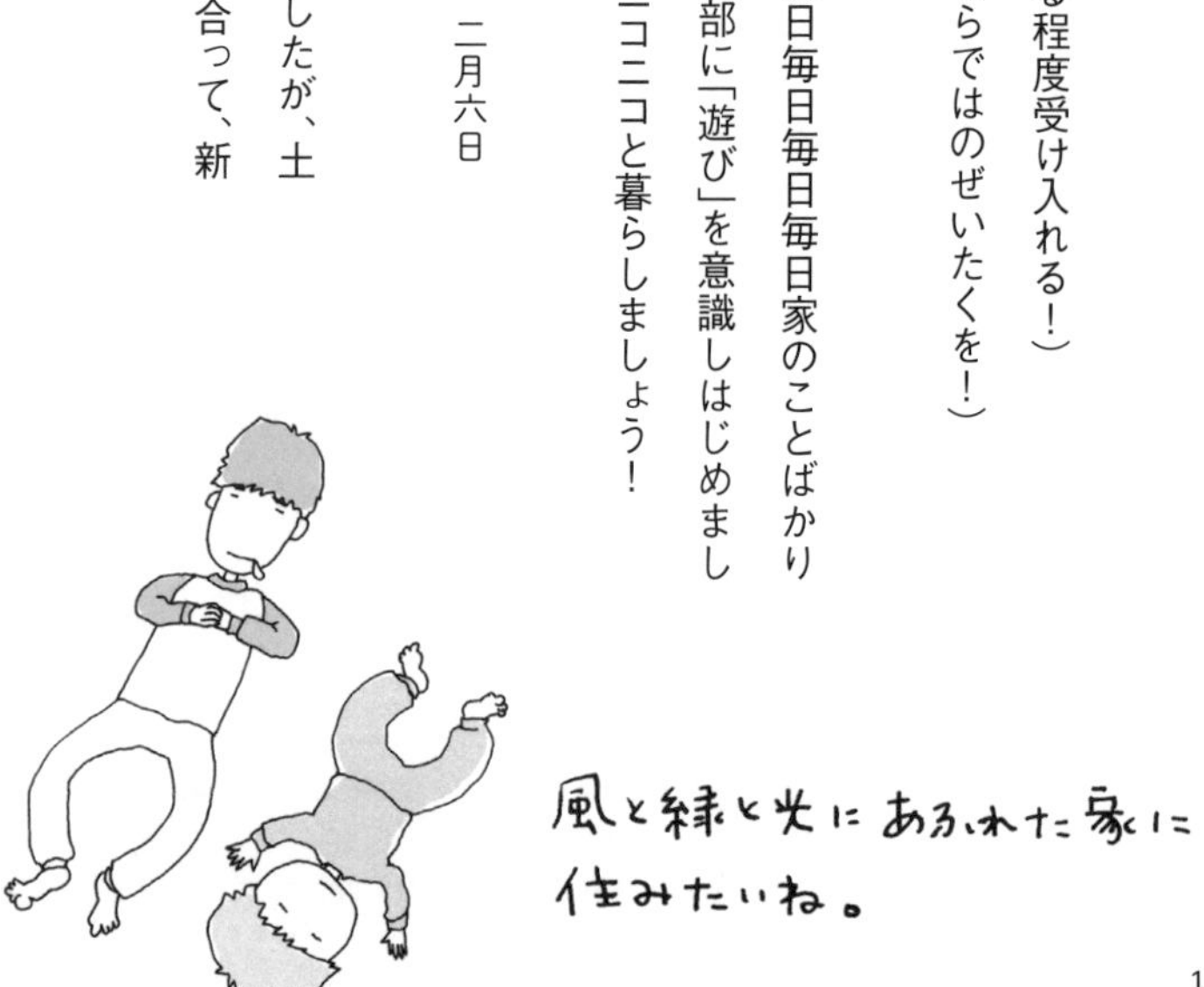
風と緑と光にあふれた家に
住みたいね。

当日はうっすら積雪！ 早朝からマキハウスの方々がいろいろ準備してくれました。出席者は眞木社長、Kさん、深田さん。飯盛《いいもり》神社の神主さんにしゃっしゃっとおはらいをしてもらい、土地の四方にお酒とお塩をまいて、御神酒をいただいて、こんぶとするめをちびちび。寒くて、手も足は感覚がないし、強風でテントが飛びそう。

この日、ご近所への挨拶回りもしました。ご近所づきあいが始まってる感じがひしひしと……。今さらですがオトナの仲間入りだな～。

現地にはロープで家のアウトラインが書いてあり、実感がわいてきました。でもこの時点ではまだ地盤のごたごたで着工日も未定。工事にじゃまな電柱を移設するか？ なんて話もあり気が遠くなりそう。

二月二十六日

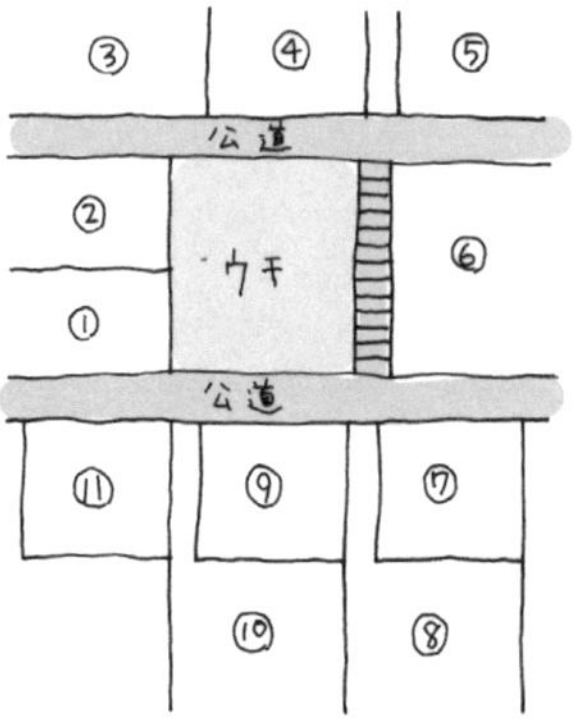

ご近所さん11軒！少しか面してないお宅こそ、きちんとご挨拶したかったのです

着工しました

地鎮祭からたっぷり20日後の着工。この間、地盤工事の方法を延々検討していたんです

よ！　ほんっと「待ち」が多い。落ち着かないっ。

基礎工事スタート～。土地を平らにして整地し、設計図上の建物の大枠を現地に落とし込みます。設計図でいう「ここ」は、現地では「ここ」ですよ、という感じ。土地のまわりに木片を立てて陣取り遊びみたい。家の周囲にどのくらい余裕ができるかが、設計図上ではピンと来なかったことも一目瞭然。しかし、これ決めてしまうともう後戻りできないんですけどね！　ドキドキ。

これが地盤強化の杭工事だっ！

二月二十七日

この後基礎工事は一旦お休みして、問題の工事が始まりました。上の車道から杭を降ろすか、下の車道から持ち上げるかで検討にずいぶん時間がかかりましたが、後者に決定しました。

まずは見たことないくらい長くて巨大なクレーンが登場。何に使うかというと、こいつ

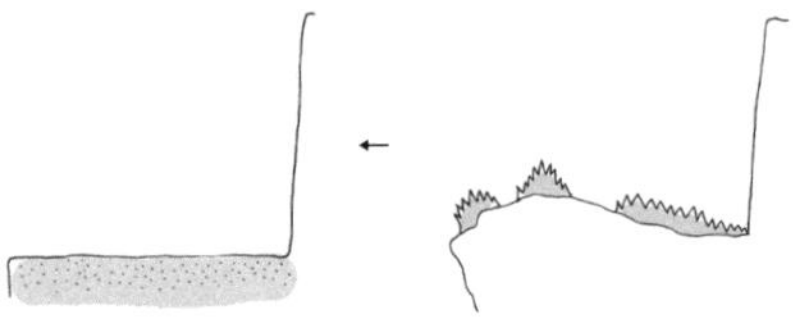

素人目に見るよりずいぶん斜めになってる

設計図と現場の「ここ」と「ここ」を合わせる

で下の車道から普通サイズのクレーンを吊り上げて、畑の段に乗せます。次に43本の杭を下の段に積み上げます。で、普通サイズのクレーンで杭を家の段に打ち込みます。ホント、何の工事をやってんだ?って感じ。恐怖の巨大クレーン、ちょっと動かすだけで恐ろしいお金がかかるんだろうな。工事にかかる人員もスゴイ。周囲の交通整理の人やら、杭の会社の専門作業員の人やら。作業は全部で2日。

杭を打ったら正確な長さに切ってフタをします。でもなんか地面に出た杭の長さがまちまちで不安になる。深田さんに聞いたら、建物の外周部は基礎の形に合わせて杭を深めに切るんだって。疑問に思えば聞くべし!

上が杭。下が打ち込んだ後、フタをした杭。これが地震から家を守ってくれるはず

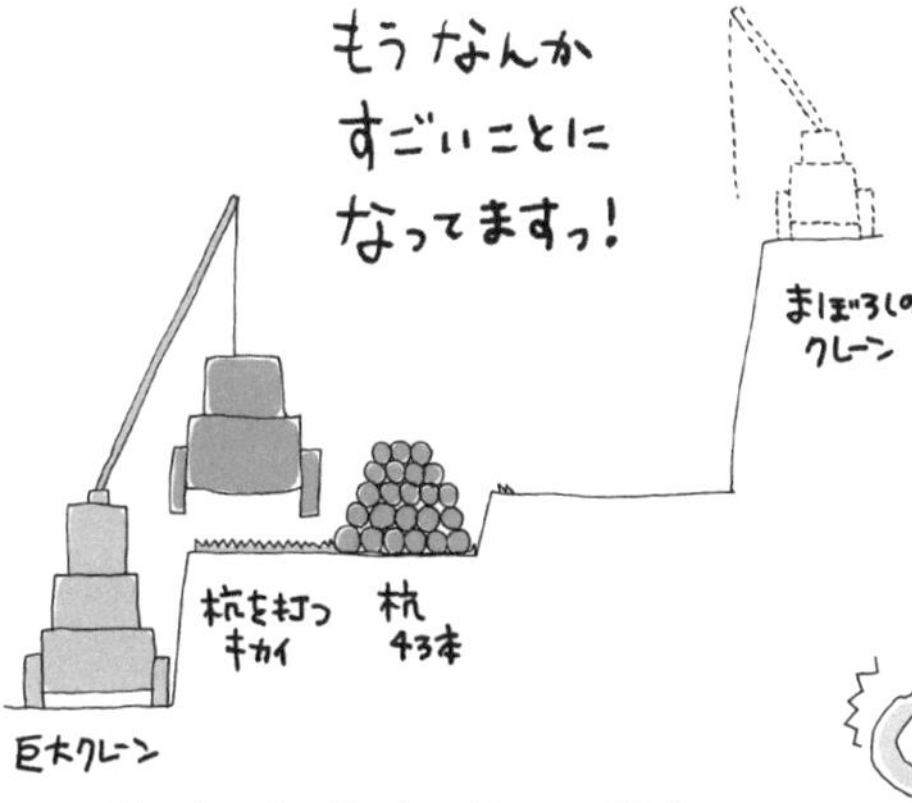

これが杭工事! 杭は長いもので6メートルはあるので、上の公道から打つことも検討したけど、上の公道には電柱があったため、断念

本格的に基礎作りが始まりました

三月二日

小さなショベルカーを携えた基礎工事班は二人組。家の基礎はとても大事なカナメの部分。こまかい作業が毎日少しずつ進みます。おじさんがショベルカーで土を移動して均したら、おばさんがスコップで細かく仕上げる。もちつきみたいな、あうんの呼吸。

保証会社の配筋や基礎の検査。「きれいな配筋ですよ」と言われたけど、私が見ても、その丁寧さがわかります。床下に隠すのももったいない美しい仕上がり！　この後コンクリートを固める養生《ようじょう》期間に入ります。水道工事が入り、工事用の水道とトイレが設置され、いかにも現場って感じ。仮設の電柱も建てられ、準備万端ですっ。

防蟻処理をかぶりつきで見に行く

三月二十五日

とても不安だった防蟻処理。最近は改良されてずいぶん安全になったそうだけど、少し

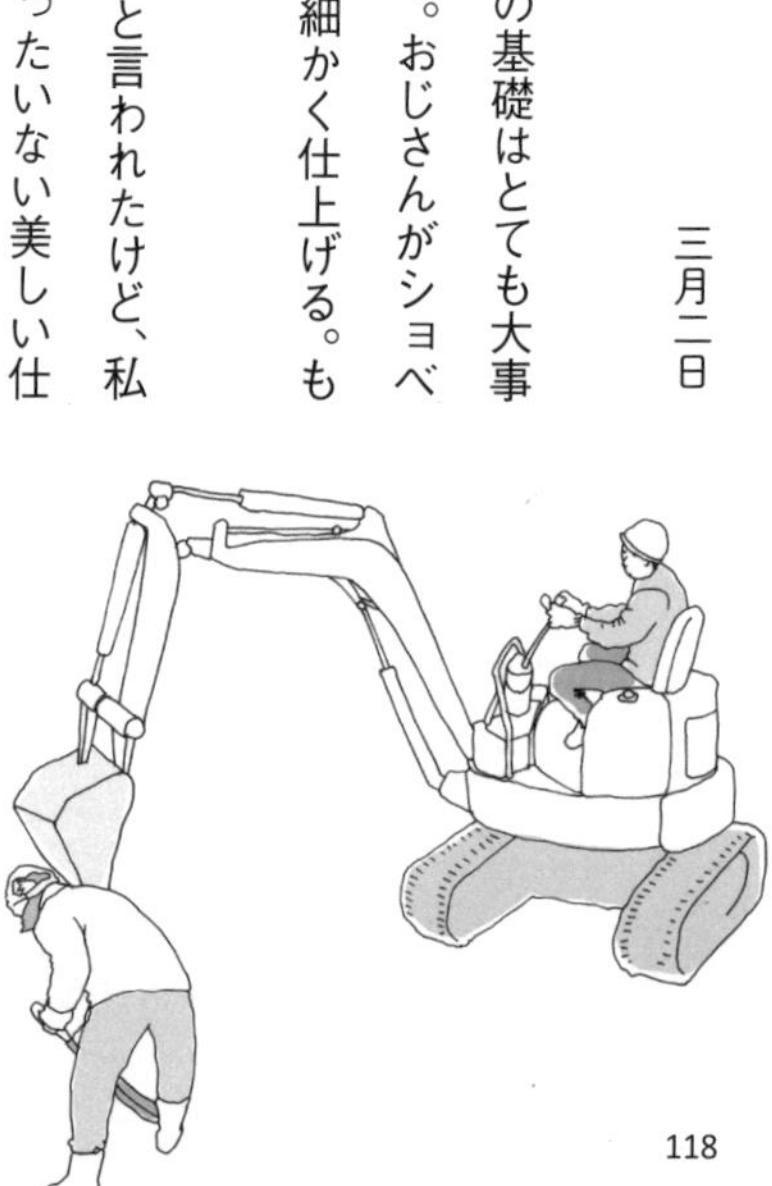

基礎作りも
見ていてとてもおもしろい。

でも畑への流出を防ぎたくて、深田さんに何度も作業方法を確認しました。ミクロカプセルに入った薬はシロアリの体内に入って消化されて初めて効果を発揮するから、人間がちょっと吸っても害はないのだそう。「ホントォ？」と疑っていたけど、確かに作業員の方はマスクもせず普通の軍手くらい。周囲に飛び散らない薬なので、ニオイも全くなし。薬品会社の社長さんもニコニコと挨拶。ご自慢の薬のようです。

基礎の上に置いて処理した木材は、散布後しっかりカバーをかけて雨から守ります。残りの木材は土地の下段で、ビニールシートを敷きます。木材の両端からアリが食うので、1カ所1カ所霧吹きで丁寧に散布します。薬剤の色は通常オレンジや緑で、これは薬剤散布済みとわかるように色がつけられているそう。見える場所に施工する木材には、無色の薬剤が使われます。

しばらくして雨が降り出しました。やばいやばい。でも私も1日見ているわけにもいかず、退散しました。その頃には作業の方のみだったので、きちんとやってくれるか、ちょっと心配でした。ひと言「帰ります、どうかよろしくお願いします」と声をかけて帰りました。後は信頼するしかないです！

いよいよ上棟式〜！ なのにワタシは〜

三月二十五日

美しい基礎がカチンコチンに固まりました。その上に、建物の土台になる最初の木材が打ち込まれ、しばらく養生で静かだった現場に活気が戻ってきました。足場も組まれ、いよいよ、という緊張感〜〜〜！

上棟式の前々日、私はワシワシと仕事をしていました。上棟式の翌日が締め切りの仕事を早めに終わらせて上棟式に集中するのだ！ そしてその夜遅く、マッキントッシュがフリーズしました。朝からぶっ通しでやっていたため、一度もバックアップを取ってなかったのです！ 2日分の仕事のデータが消えた……。目の前は真っ暗。結局、翌日はパソコンの修理手配でつぶれ、上棟式当日はその後処理で、家に拘束される始末。ああ〜！ 晴れの舞台なのにぃ。

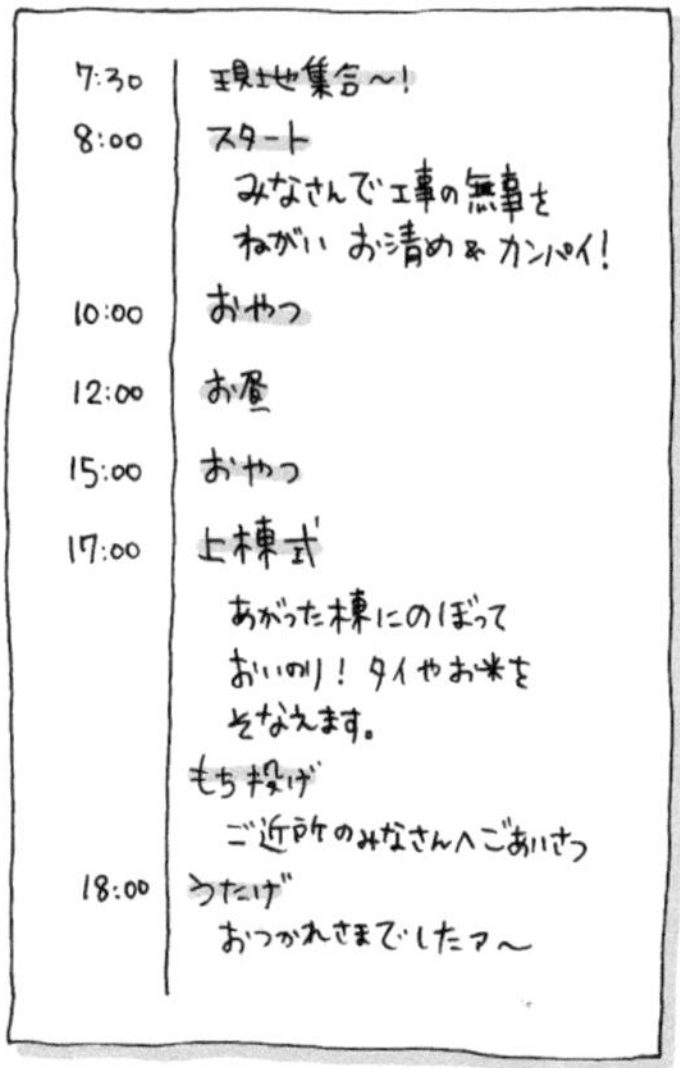
7:30 現地集合〜！
8:00 スタート
みなさんで工事の無事をねがい お清め＆カンパイ！
10:00 おやつ
12:00 お昼
15:00 おやつ
17:00 上棟式
あがった棟にのぼっておいのり！ タイやお米をそなえます。
もち投げ
ご近所のみなさんへごあいさつ
18:00 うたげ
おつかれさまでしたァ〜

これが上棟式のスケジュールだっ。「おやつ2回」がキュート

⑥ 木工事です。

上棟式

三月二十八日

上棟とは文字通り、棟《むね》を上げること。全ての柱を組んで屋根の骨組みまで仕上げます。そういう作業は大工さんが大勢要るし、クレーンもいるので、1日でやってしまいます。ということは、家のアウトラインが早送りみたいにみるみるできるということ。当日は雲ひとつない快晴、大工さんが9人集合しました。その中のひとりが、私たちの家を建ててくださる棟梁で、初のご対面！ 貫禄……こ、恐い。

結局、屋根板を貼るところまでは間に合いませんでした。やっぱり土地の段差がネック。木材1つ移動するのも普通の倍かかる！ クレーンの運転手さんいわく、危険度ナンバーワンの現場だそう。

これからの工事の安全を祈願し、お供えとお酒でお清め。ご近所さんや家族友人も集まってくれて餅まきもしました。お菓子やお金も用意して、すごいにぎやかでした。私は仕事のトラブル処理で、朝と夕方しか参加できなかったけど、オットがおやつやお昼の世話など朝から晩まで

大奮闘しました。

　暗くなってから、できたての棟の下に座り、あたたかい汁物やお酒で宴をしました。大工の皆さんにはお土産とお礼をお渡ししました。サポートの大工さんたちはご厚意で来ていただいてるので、おもてなしは感謝の意味になるのです。

棟上げの儀式に使うお供え物。儀式は、施主やスタッフが棟に上がって行います。またお清めと乾杯にもいろいろ準備しました

おやつにお菓子やジュース、コーヒー。大工さんたちのビールのお好みも事前にチェック

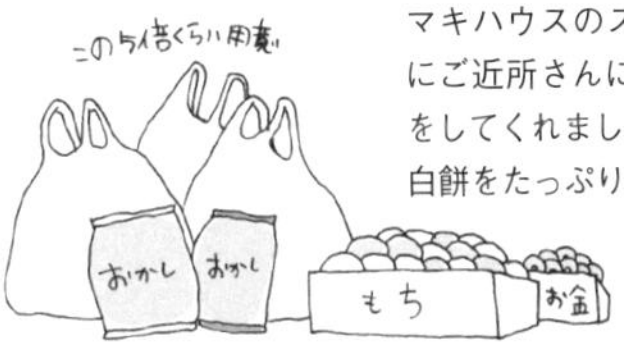

マキハウスのスタッフが事前にご近所さんに上棟式の告知をしてくれました。お菓子や紅白餅をたっぷりと

宴は大工さんだけでなく友人も参加してくれました。おいなりさんや汁物を用意してささやかながらもおもてなし

大工さんたちへのお土産とお礼

大工さんはひとりなのです

三月二十八日

建築現場といえば、ニッカポッカの親方&見習いっていうイメージ。しかし、マキハウスの現場は大工さんひとりなのです。最初は驚きました。ひとりじゃ時間がかかるし、万が一事故でも起きたら、だれが救急車を呼ぶの？　営業のKさんいわく「見習いの人が家建てるのはイヤでしょう？」と。それはまあ、確かに。それに、見積書には大工手間賃が各工程に記載してあるので、約束した時間内で作業が終われば何人でやっても同じなのです。

棟梁は、設計図を見ながら、木材をカットして木目を合わせてと、いい意味でとてもアナログ。自分のペースで丁寧に仕事する姿を見て「ひとりで仕事をするのが好きなんだな」と思いました。私もフリーなので、なんとなくわかる。部下に指図したり、部下の出来をチェックする時間を、自分の時間にできるもの。現場監督さんや深田さんも来て、打ち合わせもします。「ここはこげん書いてあるけどこうした方がいいよ」とか。職人さんと建築士の距離がいい具合です。あまりうち解けないけど、笑顔は最高級～。ハンサムな大工さんなのだ。

毎日少しずつ形が見えてくる

四月三日

屋根、サッシ、壁と進み、「ここがキッチン、ここまでがリビング」と距離感がはっきりしてきます。「意外と広いな」とか「ここはこのくらいしかないのか……」と、不安になったり。棟梁にプレッシャーを与えないように遠巻きに写真を撮ったり、「これは何かな〜」なんて材料をツンツンしてみたり。この日は深田さんと現地で待ち合わせて、広い壁面につけるニッチ（小さな棚）の場所を確認します。まだ骨組みの状態で決めるんだけど、棚を付けられる場所に限りがあるので、慎重に。

現場に行くのは週平均3日かな。現場ではすぐ時間が過ぎるけど、寒いのでトイレに行きたくなる。でもやっぱり、仮設トイレは女子には使いにくい

ので、近くの公園のトイレに通ったり、差し入れを買うついでにスーパーに行ったり。

仕様打ち合わせは果てしなく

四月十日

工事と並行して仕様の打ち合わせ。細心の注意を払って決断したつもりの壁や屋根材も、「本当にあれでよかったのか」と不安がつきまといます。こんな短期間で大事な決断を次々迫られることって一生で何度あるだろうか。

この時期探していたのは水洗金具や便器・浴槽・タイルなどなど。ショールーム、カタログ、ネットをぐるぐる〜。家具屋や雑貨屋を何度もハシゴしてカタログでは見たことのない個性的な水洗金具を発見したり。他では見たことない、美しくかっこいい、飽きの来ないものを……！「あ、こっちの方がよかった！」という後悔を少しでもなくしたくて。やっぱ、決断するには常に自分の中に一貫したテーマや基準が必要です。

現場では、照明・スイッチの位置、玄関ホールの小窓の高さ、キッチンの幅・奥行きから、デッキ天井に貼る板の方向、浴槽の高さ、いっしょに作ってもらうコタツちゃぶ台のサイズ

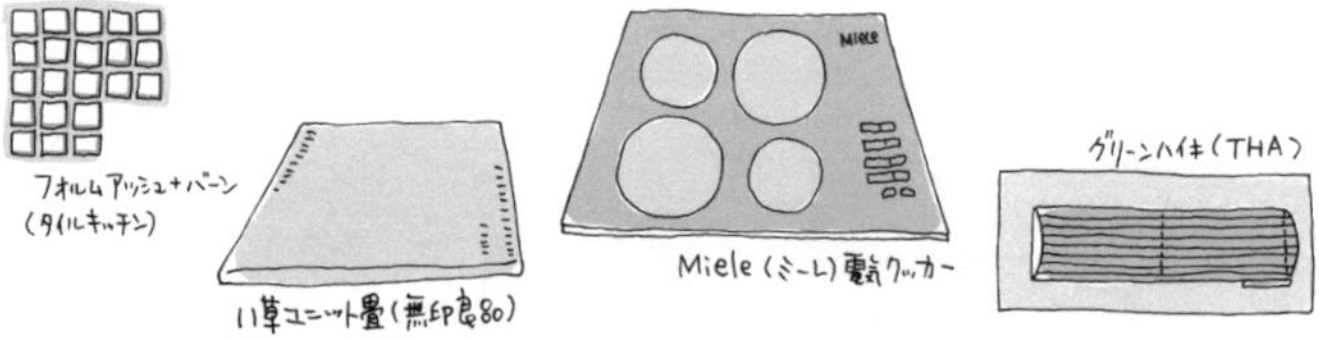

フォルムアッシュ＋バーン
（タイルキッチン）
い草ユニット畳（無印良品）
Miele
Miele（ミーレ）電気クッカー
グリーンハイキ（THA）

などなど、もう「決めごと」は数限りない。それに加えて、現段階でマキハウスに提案してほしいことや、こちらが気になることのリストを挙げると、大体アタマはパンパン。結局ぽろぽろとその日の確認事項を落としたりもしますが、えーい、また次の打ち合わせで！

下図は「気になったもの」の氷山の一角の一角。

ま、結局は楽しんでるんですけどね……

庭木を探しに

四月十七日

「庭に植えるならどんな木がいい？」。オットは何年も前から妄想してました。夢の庭をスケッチし「ここにミカンはどう？」などと言う。どうって言われても。しかしとうとう現実の話になりました。「じゃ、植物園に行こう！」

福岡市動植物園は、サイクリングしてお弁当を広げるにはいい。いいのだが、オットは木を1本1本チェックし産地や樹形を品定めするんですよ。土地を買ってからはもうホント

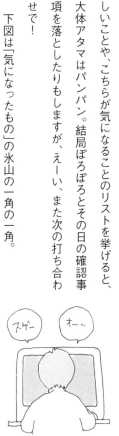

の本気。最終絞り込みという感じ。オットの庭木選びの第1条件は「実がなること」。その他、「手入れに手間がかからない」「小鳥が寄る木」など。シンボルツリーには、やっぱりケヤキ！　あこがれだなあ。葉の形や葉陰が美しく、葉と葉がふれあう音もすばらしい。手入れが簡単なジューンベリーもいいし、柑橘類はとにかく好きなので植えたい。いろんな種類のツタも見学しました。虫に好かれる木は見送り。

展開図もおもしろい！

四月二十五日

キッチンや洗面台などの展開図ができあがってきました。念入りに伝えていた希望が実際にカタチになったようで、「おー」という感じ。

ドアや格子などの建具もいろいろ検討しました。安くあげるなら既製品だけど、気に入るものがない。私にとって既製品はデザインされすぎなのか、ごつくてす

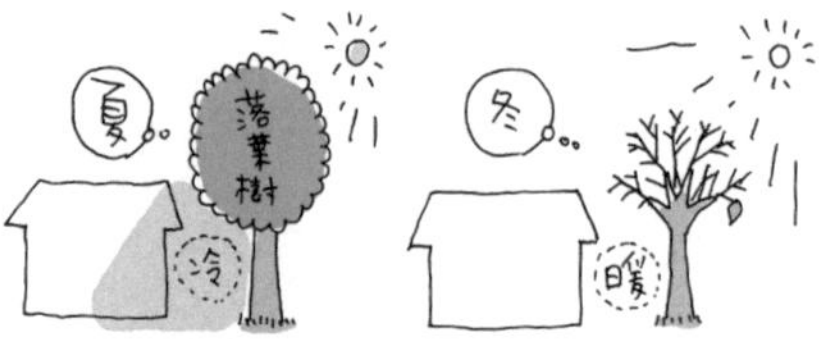

冬に葉が落ちる木と落ちない木を、日の当たる場所によってうまく配置すると、室内の温度調節ができ、冷暖房がいらない家になる。自然の力だ

のり面を植物で覆うと見た目も美しいし、夏は周囲の温度を下げる効果もある

ぐ飽きがきそう。既製品は特定の現場を想定して作られてないから、空間の広がりと建具の大きさのバランスがとれてない気がする。結局、建具は全て建具屋さんに作ってもらうことにしました。床など水平方向に使う材は薄い色のパイン、ドアや窓枠など垂直方向には「ニヤトー」という濃い色を使い統一感を出します。

　キッチンは、シンプルなステンレス一枚板の作業台をオーダーで。作業台の下は何もなし！　すっぽんぽん！　ワゴンを入れて自由な収納スペースにします。キッチンはリビングと一体化しているので、換気扇もキッチン然とした「いかにも〜」なのは避けて、無骨な四角い箱の換気扇を作ってもらいました。箱の中はよくある羽の換気扇。これ安上がりでした。生活感を出す冷蔵庫やレンジも、リビングから見えない位置に配置。同じく食器棚も壁の中に埋め込み棚を作りました。壁は屋外用の安価なレンガを貼ります。油やシミで汚して味が出るといいな。

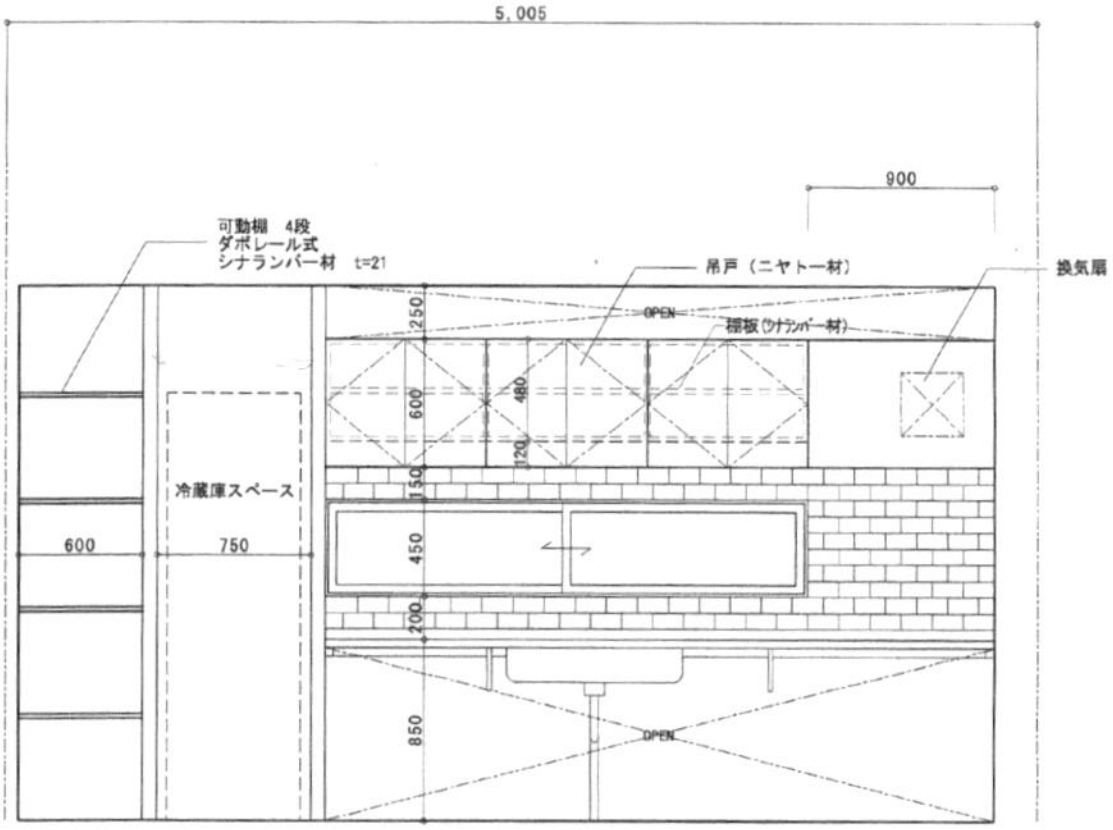

上図は吹き抜け階段を上がったところ。下図は階段下。仕事場に面するので本棚収納に。収納の奥行きは階段の左右幅となるので、本棚の奥行きはその半分にして、奥は右下の側から入れる扉付きの収納にした

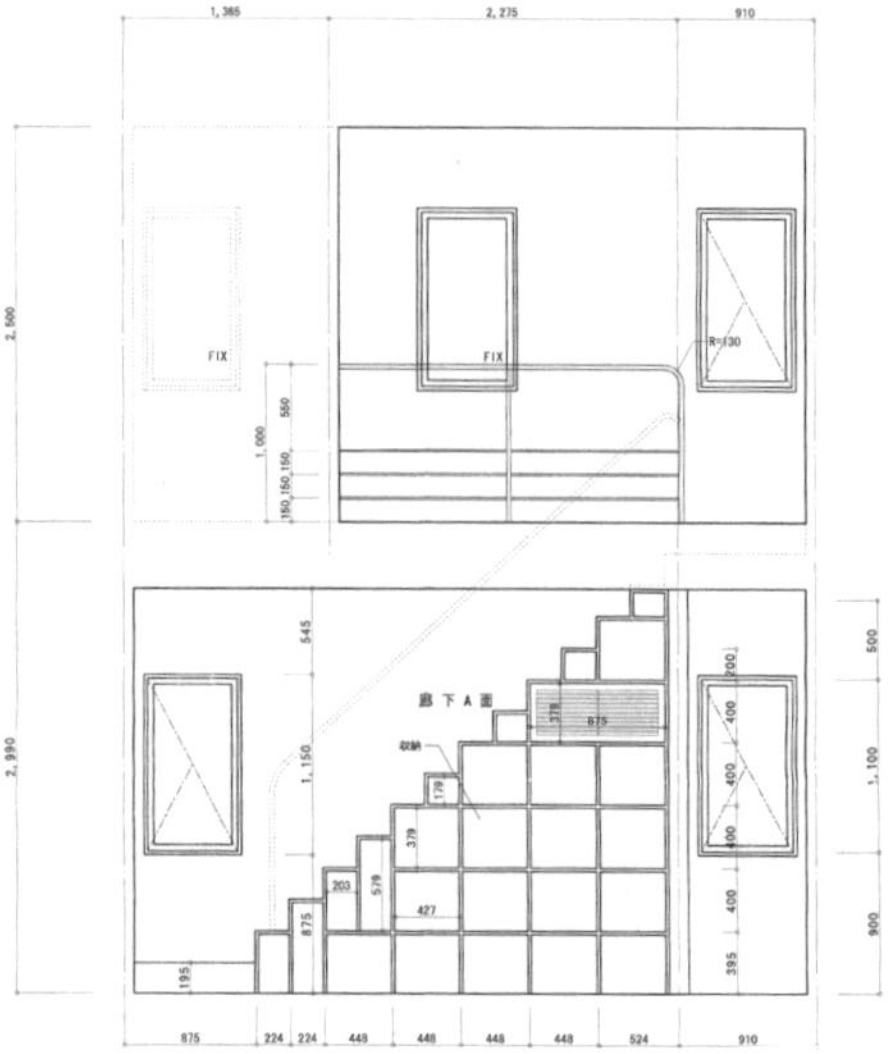

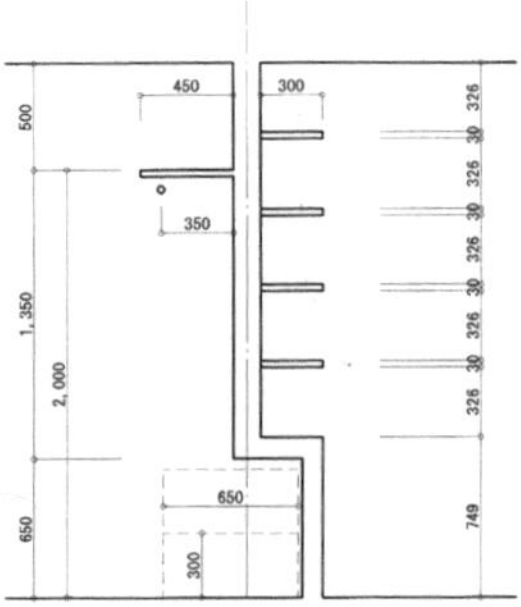

2階寝室の入り口に立ったところ。中央の壁をはさんで、左側がウォークインクローゼット。右側が寝室の壁に埋め込んだ書棚。下部の壁を変形にして、クローゼット内に衣類のプラスチック引き出しを入れる

洗面所。中央の収納棚は、正面は壁で隠れていて、シンク側と脱衣所両脇から収納できる。ここも扉なし。右の脱衣所入口には竹ののれん掛けを作る。脱衣所の奥は洗濯スペースと風呂場へ続く

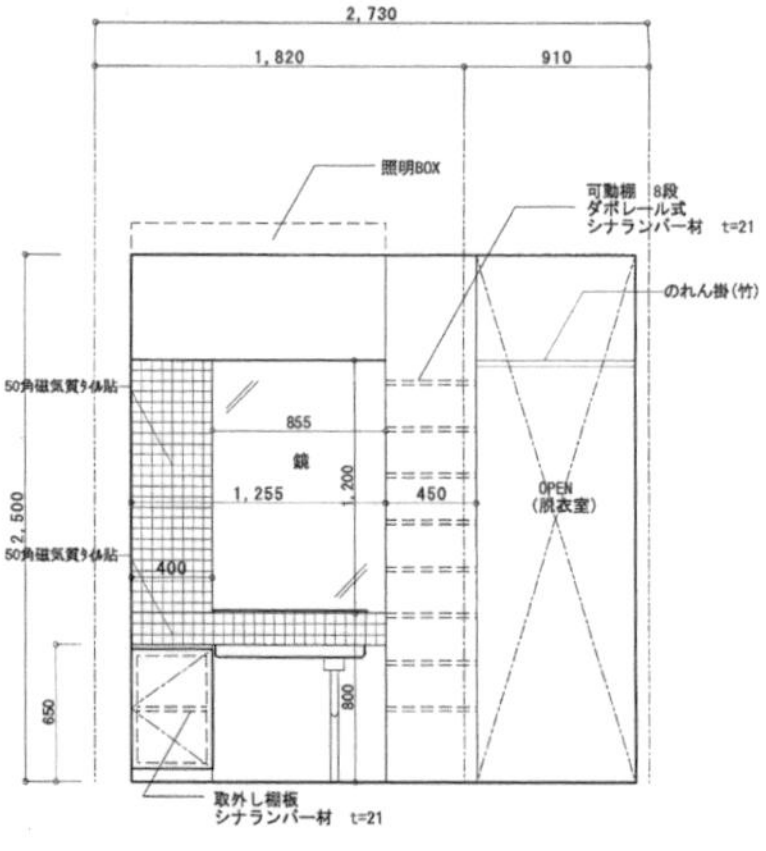

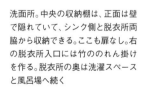

内壁・床・階段ができてまた興奮

五月某日

毎日どんどん工事が進みます。棟梁はラジオを聴きながら、あっちこっちと家を頑丈にする仕組みを作っていきます。なんか楽しそうなんですよね！

内壁は骨組みを作った後、断熱材を入れて石膏ボードでフタをします。床は、基礎にたくさんの鉄の棒（床束）を立てて下地を組んでから、ベースになる板を貼り、天然パインの床材を貼ります。木目や反り具合を見ながらパズルみたいに貼り合わせます。貼ってる日に見に行ったので、裸足で板を踏む感触が味わえました！

階段製作もおもしろかった！　設計図を見ながら、大きな板をその場でどんどんカットするんです！　「もうちょっと短く」ってまた切ったりして。次にどの面を貼るかとか、頭の中が3次元になってるんですね！　私だったら混乱しそう！

デッキに立って見上げたら、四角い「木栓」が打ってありました。とても美しいんです。これ、私が頼んだわけじゃないんですよ。大工さんが「美しい」と思ってやったこと。手間よりもこだわりなんだ……。私、こういうことに弱いんですよね〜ううう。

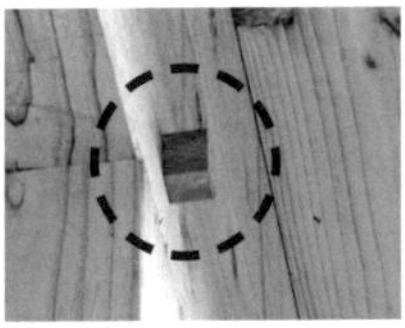

風呂のシロアリ工事

五月十二日

風呂の外壁の防蟻処理も見に行きました。その日は夜から大雨の予報で、薬品が雨で流れないかとても心配で。しかも作業が始まったのは昼でした。私たちが気にしているのをご存知で、「気を付けてやりますよ」と言ってくれるけど、作業している足もとにダンボールを敷いている、くらい。でもあまりしつこく言うのも悪いし、そのまま帰りました。

……やっぱり気になる。薬品が流れたかどうか確認のしようがないだけに、きちんと処置をしてほしい。これはやはりマキハウスを通してきちんと言わねば、と深田さんに電話しました。「木が乾いていてすぐ薬品を吸い込むから夜までには大丈夫」とのことでしたが、マキハウスの方が念には念を入れて壁にカバーを巻いてくれました。結局それから2〜3日雨が続きました。カバー巻き作戦してよかった〜。

ちゃんと気を付けて
やってくれているのだけど
それ以上に心配してしまう
私…。(ウジウジ)

取っ手も引き手も悩みます

五月十五日

ドアの取っ手はやっぱ流木でしょ！ 自然木はやっぱり完全にオリジナルだから憧れるぅ。手にしっくり馴染む感じもいい！ 理想はある程度太さがあって、カタチが美しいもの。とゆーことで、海辺をさまよいました。しかし、落ちているのは中が空洞の竹か、焦げている木ばかり。そう簡単に見つからないものですね〜。

引き手は雑貨店にも結構あるのですが、気に入るのがない。私、「かっこいいの」より、おもしろいのとか、常識の範囲を超えたカタチとかが好きなんですよね〜。建物はおばあさんになっても飽きの来ない美しさが理想だけど、細部は「くすっ」と笑えるような遊びがほしいんです！

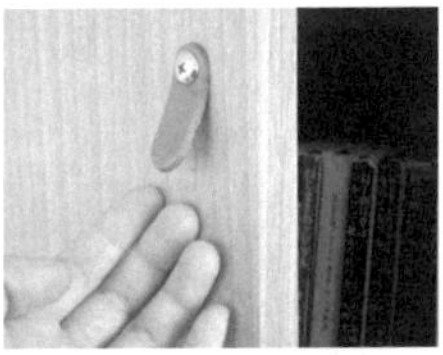

小泉誠デザイン「ちいさな皮の引き手」（150円+税）。食器棚や納戸、本棚の扉などにつけた。
http://boo-hoo-woo.com

「andanteマンハンドル」（16000円+税）。お尻がかわいい〜。サンフランシスコの彫刻家ソコロフ氏によるデザイン。緊急オーダー・追加料金、輸入・国内発送費用などは「www.andante-jp.biz」から

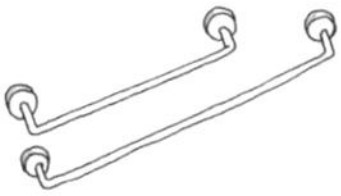

タオルかけはシロクマの気がつかないくらいさりげない超シンプルなものに決定。希望通り！

トイレに「ちっちゃな壱番星 MM-01 白ミニ手洗い器」（11025円／税込）。これは破格。和風過ぎずいい。ちょっと小さいかなと悩んだけど、設置するといい感じ。
http://www.astarlet.com/

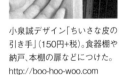

鍵がついた！

五月二十三日

週末、オットと現場へ行くと、いつも出入りしていた勝手口に初めて「鍵」が！……と言っても、番号を合わせて開けるものだけど。家の中には工具や設備の納品があるので、鍵は必要。玄関の仮ドアも、中からしか開かないようになっています。

とりあえず深田さんに連絡したけどつながらない。せっかく来たのに、そのまま帰るなんていやだ〜！　近くの天然酵母のパン屋さんでお昼を買って現場に戻り、家の裏と壁の間の、狭〜い足場と足場のすき間に座ってランチ。家の中をのぞき込むと、不思議な気分になりました。まるで、模型を作って、その小さな作り物の窓から何百分の1の家をのぞき込んだときのよう。「わ・わ・わ〜。あと何カ月かすると、この中に住んでいるんだね〜」

仮ものだけど「鍵がついた」ということが、生活の場所という実感につながってしみじみ。その後、番号がわかり、無事に中に入ることができました。

ハイ、集合！ 打ち合わせはまだまだ続く

五月三十日

例えば「次は壁を決めます！」となると、打ち合わせの日までに、オットとミーティング。その辺の趣味の差があまりない私たちだけど、やっぱり大変。オットは最初からクロス反対派。「やっぱ珪藻土いいな～」と、しみじみしていました。私たちのオリジナルの色も作ってくれます。しかし予算がないので、天井と納戸、子ども部屋はクロスにします。接着剤などにホルムアルデヒドを使っていないので無害だそう。

ウットリ…
やっぱり
これだよ
クロス見本
珪藻土見本

壁はプロ資材を使って自分たちで塗りまーす！ 1カ月くらいかかるそう。「そんなにかかるかな～」と思ったけど、これは後で自分の甘さに愕然とすることに。

いよいよ照明も本決め。深田さんから照明器具のプレゼンがありました。勧められたものをひっくり返すのがワタシ！ さあ、カタログ、雑貨屋・インテリアショップ総ざらえだ……！

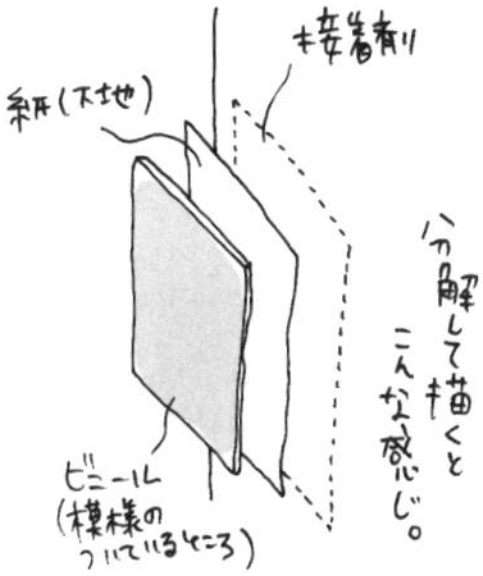
接着剤
紙（下地）
ビニール
（模様のついているところ）
分解して描くとこんな感じ。

接着剤は、表面と下地の接着と、壁とクロスの接着との両方に使われる。ホルムアルデヒドを使用せず身体への配慮がなされている商品なら微量に残った有害物質も5年くらいで抜けるらしい。「24時間換気システム」で有害物質を外に出す

ついに梅雨！ 外壁の作業が難航

六月二日

日本では家を建てるベストシーズンっていうのはないみたい。施工期間中、梅雨か台風の時期に重なってしまう。ウチの場合は、外壁塗装が始まった頃から雨が増え始めました。外壁は、木材にフェルトのような黒い防水カバーを貼って、金属のアミを張り巡らせ、その上になんとモルタルを3回塗ってから壁材を塗る。隠れてしまうモルタルも「このままでいいんじゃない？」というくらい美しい仕上がり。後日、左官さんが内壁塗りのレクチャーしてくれることに。楽しみ〜。

うわ〜。家の壁から電線が

六月十九日

電気って、家の壁から電線がにゅっと出て電柱につながっているんです。知らなかった。

電気工事も迫り、電気図面の最終確認。この照明のスイッチがここと あそこ、みたいな感じで図面を見ながら一つひとつ検討します。例えばリビング。リビングで入り切りするだけでなく、キッチンで、朝起きたときに階段で。確かに必要だ。ということで、壁に大量のスイッチが登場！　どれがどのスイッチかおぼえるのに10年はかかるな。でもコレ、ないとやっぱり不便。あとからつけるのも大変なので、今、頭を抱えて悩みます。

嗚呼！　今、気になってるのは福岡産の無添加畳。全ての部材に防虫・防ダニ・抗菌処理なし、床材もワラ100%、減農薬栽培で1年以上乾燥させたもの。高い！　迷ったけど、畳はやはり消耗品なので断念することにしました。

手すりのデザインも悩みました。家の真ん中にある階段なので、目立つのです。木なのか、ワイヤーなのか、鉄骨なのか。ラフを描いたり、似たようなデザインの資料を探して検討します。

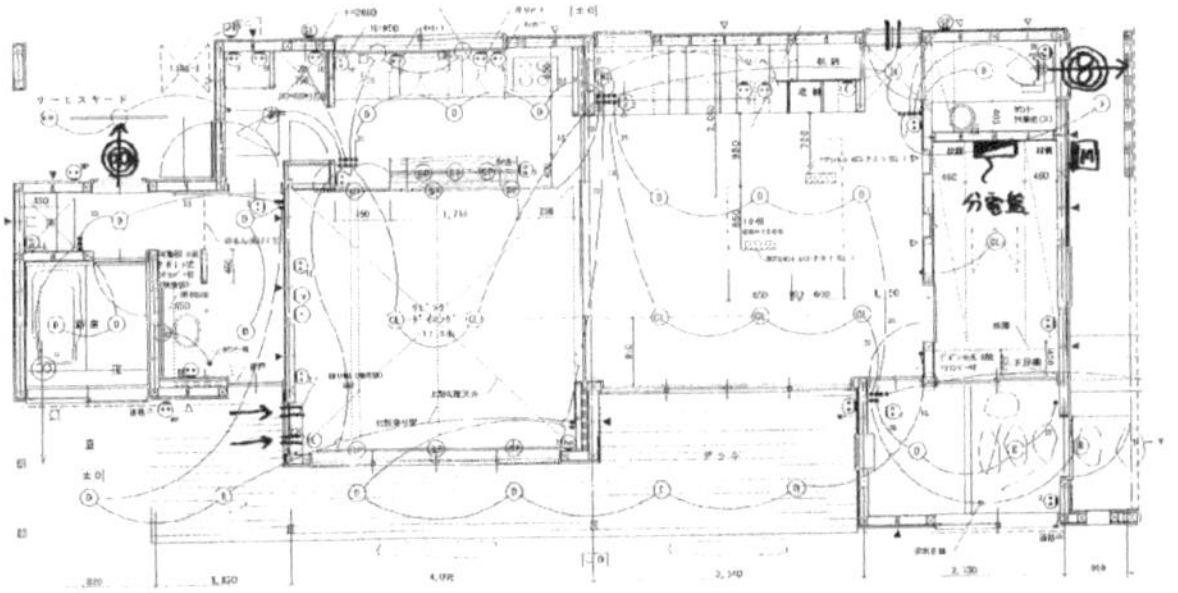

1階の電気図面。照明、スイッチ、コンセント、テレビ配線など

ワイヤーなら

鉄骨なら

木製ならこんな感じ

木工事完了

七月二十四日

設備業者さんも入り、現場もにぎやかになってきました。いつも現場で職人さんの数を数え、スーパーで買い出しして差し入れします。何もしなくても汗だくの夏なので、熱中症予防のためにも、お茶は多すぎることはないのです。体調管理が勝負の職人さんは、お昼の他にもちゃんと休憩をとります。

今日は天井のクロス貼り。接着剤がちょっと臭いです。現場に大きな機械を入れ、クロスを設計図に合わせてカットして貼ります。

棟梁は詰めの作業が残っていますが、一応今日で木工事完了。この後、私たちの壁塗りが終わった後、デッキ部分を作ってくれます。

そして、足場が外れる

七月二十五日

いよいよ足場解体の前日、2階の足場に上ってみた。風を感じる。

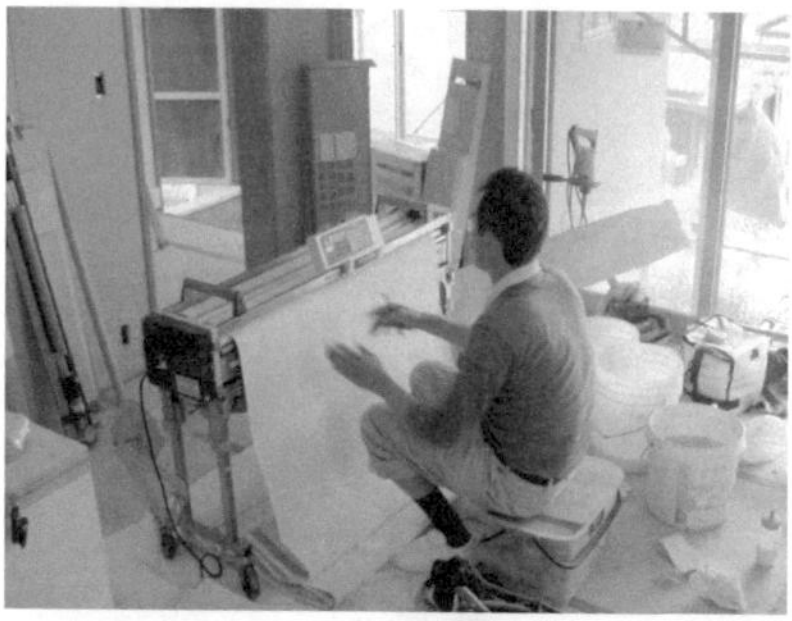

クロスをその場でカットする大きな機械。クロスはいや、とか言いましたけど、職人さんがとても丁寧に作業してくださっています

高台なので2階でもとっても高いのだ。見晴らしもいい。「もうすぐ家ができるんだなぁ」

足場を外すとき、足場の職人さんが「ここは2軒分あるばい！」と怒っていた。ウチは常にそのネックがあるのです。建物から車道までが遠い！　しかも、そこに大きな段差がどか～んどか～ん。……怒るのも無理はない。引っ越し……、まだ考えるまい。

とうとう足場が外れて、外壁があらわになりました！　家の美しいフォルムにうっとり。これにデッキと窓の格子がつくと、外観も完成です。

2階の足場で風を感じる。ここはデッキになるので、見納めの景色ではないけれど、足場に座った時の開放感って独特なのだ

木工事が終わった。シーンとしている。巨大扇風機は、この後、壁を塗る私たちのために、棟梁が「使いますか？」と貸してくれたもの

つくったひとにきく・自分の腕1つで木の家を強く美しく立ち上げる　〜棟梁 八坂英隆さん

地震とか、気になりますね。でも構造には自信があります。やっぱ一番は構造です。骨組み。

お生まれはどちらですか?

長崎県の対馬です。中学卒業してから福岡で弟子入りしました。

現在は会社員ではなくフリーランスですよね。何年くらい修業したらひとりで家を建てられるんですか?

実際は10年……。研ぎ物、次は墨付け、穴掘り、図面も勉強します。で、グループで純和風な家を建てるんです。

純和風って難しそうですね。

はい、難しいです。木だけで釘を一切使わないで建てる。最近あまりないです。神社とかもそうですよね。

ウチも木栓をしてくれてましたね(P131)。そういうのってお願いしないとやってくれないのかと思って。でも大工さんがそうしたいからそうしてるんだなあって。

はい。プライド持ってやってるので。そういうのがわかってもらえればもう。

仕上がりの美しさは、丁寧さですね。

そうです。

でも丁寧にやってくれるかどうかは、最初はわからないんです。

そう。口だけかもしれないし。

やってますよ、って言われたら引き下がるしかない。その不安が全くなくて楽でした。それと、ご自分のペースで悠々と仕事をされてましたね。

はい。急がされるのが一番いやですね。

木材にひらがなが書いてあるのは大工さんが書くんですよね。

そうです。あれは位置です。「あ」と「あ」を合わせて、という感じで。木材が届いたらできあがりを思い描いて、図面を自分用に描き換えます。その時点で頭にたたきこんでおくんです。

頭の中どうなってるのかなって。

最近は、プレカットで機械で切るので頭いらないです。僕は初めから作りますけど。マキハウスはデザインが凝ってるから作り甲斐があります。自分でも木の家が好きです。

やっぱり大工さんだから。

でも、外部に化粧板は長い目で見れば勧めないですけど。壁とか内部に木を使うとあたたかみがありますよ。

あ、いいですねそれも。

自分の家は本物を貼りきらんやったので、クロスのニセ物を貼りましたけど。

それは不本意だったのではないですか? 大工さんとして(笑)。

はははは。そうです。でもわからないくらいの出来なんですよ。

ウチの仕事はどうでした?

4カ月かかりました。普通は3カ月。

難しいのはどんなところですか?

接点です。いかにすき間をなくすか。途中ですき間があったら、はがしてやり直します。

地震も多いですね。

はい。でも構造には自信があります。やっぱ一番は構造です。骨組み。

棟上げのときに作る部分ですね。棟上げって大工さんの醍醐味って感じで、楽しそうでした。高いところで。

はい(笑)。

お仕事は楽しいですか?

ひとりでするようになっておもしろくなりました。

誰かといっしょに作業すると、やりにくいでしょう。「あ、そこちょっと違うな~」とか。

あ、そういうときはやり直します。こっそり、帰ってから。

ばれたりして。

(笑)でも、責任がありますから。棟梁として。お施主さんには工事を見てもらうのが一番です。ちょこちょこ見に来よんしゃったでしょ。かえってその方がいいです。こっちも聞いたりできるし。

私は結構通いました。棟梁がいらっしゃらない時も行きました。

（笑）はいはい。別の家の棟上げに加勢に行ったりしますので。

文句言う人とかいますか？（笑）

そうそう。「大工さん今日来とんしゃれんけど」て。でも朝行って気分が乗らない日は帰ります。う～ん、とか言って。たま～に。

そりゃそうですよね。逆に気分が乗らない日に作業してもいいのかと。（笑）気分が乗らないのは休めてないときですよ。

はい、正月休みも2日だけです。

年に何軒建てますか？

大体3軒。

ずっと引退なさるまで？

ん～。いくつまでできるかな～。現役でやってる人で60、70っていますけどね。できるかな～（笑）。

2階建てはもういいや、とか（笑）。ちょこちょこお茶とかしてますね、職人さんって。あれやっぱ休まないときついんだろうなと。

ちょっと休むだけで違います。事故とか、暑さ寒さとかあるし。

儲かりますか？

いえ！ 儲かりません。

オットも値切ったらいかんやったなーって言ってましたよ。マキは1つの作業につき全部金額が出るでしょう。あれ、逆にこの作業でこんなにかかるんだー、って思う材料になっちゃうんですよね。でも、壁を塗って初めてわかったんです。どれだけ大変か。作業以外の準備と片づけだけでもかなり大変。暑さ寒さ。危険。そりゃ、こんだけかかるわ、と。だから、お客さんには最初に1日作業してもらえば値切らないかも。ま、何の仕事でも儲からないですね。

そうですよ。ま、プータローじゃないだけいいかと。

でもそれは腕があるから仕事があるんですよ。修業時代からぼけっとしていたわけではなく技術を盗んでやろうと常に思ってないと上達しないですよね。

そうです。やっぱ覚えようという気がないと。ひとりで建てるわけですから。実際ひとりで建てられない人いっぱいいますよ。

技術も、自信もね。ま、自信がなくても建てられる家も増えてるんでしょうけど。ぱこぱこぱこって、はいできたー、みたいなインスタントな家も。

あはは。そうなんですよ。手伝い行きますけどね、たまに。あぜんとしますよ。いいと？　これで？　みたいな。パネルをボンドと釘で打つだけ、で壁が貼り合わせただけ、みたいな。

やっぱ在来工法が一番いいです。湿気があるからですね。木が湿気を吸うし。結露なんかも、他の工法ではすごいらしいです。エアコンは効くらしいけど。

人間が暑いとか寒いとか感じるくらいじゃないと家に悪いんじゃないですかね。

そうです。そうなんです。

人間がぜいたくになればなるほど、そういう家ができる。寒かったら着込むか動くかすればいいんですよ。

そうそう。

ただ、在来工法は最近見直されてるんじゃないですか？

はい、建ってると思いますよ。

腕が良ければ万が一仕事が減っても、残り少ない仕事が自分のところに来るはず。

そうです。最終的にそうやってやっていくしかないです。一生懸命仕事をするだけです。

腕を磨いて。シンプルですね。職人さんだ。腕を磨くのが一番の営業になるんですね。

ごつい道具を腰のカバンにじゃらじゃら入れて、黙々と働くお姿が、これがかっこいいのだ。そして、笑顔がとってもステキ。高台の、まだ骨組みだけの家で、お昼のお弁当を広げる棟梁を物陰から盗み見た。自分の家なんだけど、まだその時点では彼の尊い仕事場なんだなと思った。

コラム 建築確認申請のこと

建築基準法に基づいた建物になっているか

木造住宅の場合、3回の検査が行われます。検査を行うのは、民間の審査機関、または、土地が属する地域を管轄する建築主事[※1]です。

まず1回目の検査は工事開始前に行われます。設計図が完成すると、施主の代理人として建築士が建築確認申請書を審査機関に提出します。この書類には建物の間取りや立面図、面積などの情報、内装・仕上げなどが記されています。合格すると、建築基準法に適合しているという確認済証が交付され、工事を始められます。

2回目は棟上げ後です[※2]。小屋組みが完了した後、正確には棟が上がり、筋交いが入って、木材を固定する金物を取付けた後です。検査員が、1回目で提出した確認申請書を持参し現地にやってきます。主に構造に問題がないかを調べます。指摘を受けた箇所は工事を行い、写真を撮って報告します。中間検査の検査済証が交付されます。

3回目は建物が完成した後、完了検査です。これは中間検査以降の工事、例えば、木工事、仕上げ、また変更申請が上げられた部分を検査します。

引き渡し後、建築主事に提出していた建築確認申請書の副本と検査済証が施主に手渡されます。

私はこの検査に立ち会ってなくて、ちょっと後悔。見たかったです。

※1）例えばウチの場合、特定行政庁である福岡市の建築主事の下、建築審査課検査係の検査員が行います。特定行政庁は人口25万人以上の市なので、特定行政庁でない市町村は、各県の土木事務所または土整備事務所の建築主事が審査します。

※2）鉄骨造や鉄筋コンクリートの建物は中間検査が義務づけられていない場合があるので行われないことがあります。

⑦
壁塗りの長い旅。

いよいよワレラの出番、壁塗り開始

七月三十一日

現場に積み上げた珪藻土のでかい袋が20袋くらい。これがなくならないと、壁は完成しない。あ、これ下塗り用!? この後同じ量の本塗り用の袋が積まれるのだな……。まずは石膏ボードに残る無数の継ぎ目とビス跡にテープを貼り、ベニヤ板部分にアク止め剤を4度塗ります。これやらないと、変なシミが浮き出てくるらしい。この作業で1週間は使うね。

左官さんが、塗りをレクチャーしてくれました。とっても上手！「これやって50年やから」。当たり前か。うわ〜……やばいな。これ無理かも。この後、ホームセンターで壁塗りの道具を揃えて帰宅。その夜は、これから先の長い長い旅の予感に恐れながら、深い眠りにつきました。いや、ホント早まったかも。

こねて塗って登って降りて、のひとり旅

八月五日

朝9時。まず大量の水をバケツで運びます。次に養生。汚したくないところを

養生グッズは足りなくて、週に一度はドカ買い。てゆーか、ハシゴは家が建ってからも使うけど、コテって。コテ板って。使うか？ 使わんだろ

シートやテープでカバーします。テープは粘着剤が残るので、貼るのはその日に塗るところだけ。塗ったらすぐはがします。そして珪藻土を練ります。ミキサーも珪藻土も重い。スイッチをいれると体にものすごい振動がある。ずんずんずん。ここまででやっと準備完了。珪藻土をコテ板にぽてっと乗せて、目の前の果てしない壁に、ぺったぺったと塗りつけていきます。コテとコテ板を持ち、ハシゴの登り降り。

極めつけは猛暑。早朝から信じられない量の汗で服も髪もびしょびしょ。突然ほっぺの中央からボタッと大粒の汗が吹き出します。体育祭の練習を思い出すなぁ。しかもなぜか昼から追加で練った珪藻土が作業中にカチンコチンに固まってしまう。「なぜだ～」。叫ぶけれど、蝉の声が響くのみ。シ～ン。だれも答えてくれない。寂しいよう。仕方なく、固まった珪藻土を無理矢理バケツから引きはがして捨てる。

道具をきれいに洗って終了。激しい疲れで、ぼうぜんとして帰宅するとゴハンがウマい！　……のはいいが、夜は仕事。オットが帰宅したら今日の成果報告。週末は「塗りたい気分いっぱい」のオットと共に出動するので、私はほとんど休みなく壁と奮闘することになりまし

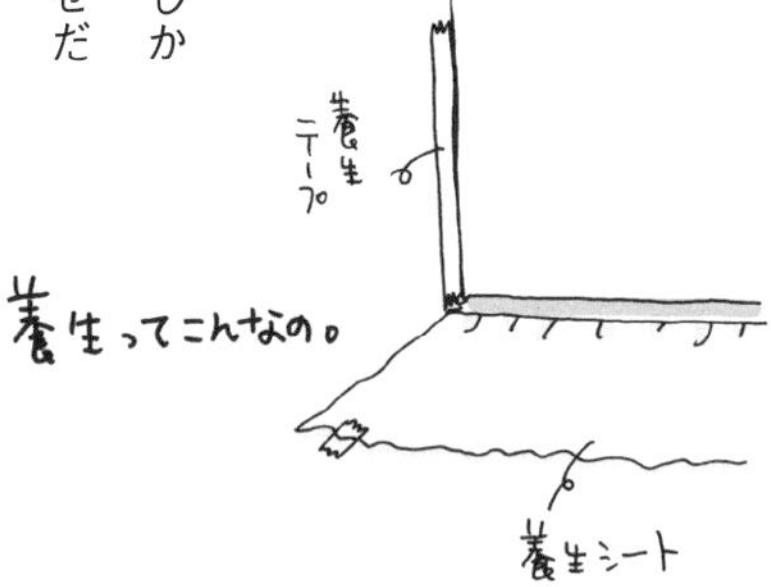

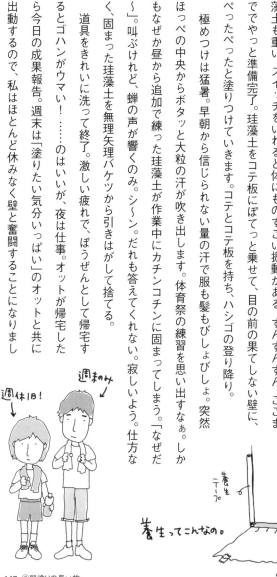

た。右腕や指先がこわり、手はマメだらけ。そして腕が上がらなくなりました。

だんだん上手くなってくる

七月三十一日

朝練った1袋分の珪藻土を使い切って昼の分を練ると、どうしてすぐに固まるんだろう。説明書には2時間以内に使い切るようにと書いてあるけど、明らかに練って15分くらいで固まる。暑さのせいかと、出動時間を1時間早めて、気温が上がる前に2袋目を塗ってみたけどだめでした。何日か悩み続け、結局、深田さんに珪藻土の会社に電話してもらいました。原因は、1袋目の珪藻土がバケツに残っているからだって！ あ〜……。夕方にはきちんと洗うけど、2袋目はすぐ使うからいいかと、ザッと洗っていました。こういうことも、プロがいないのでいちいちわからん！ 孤独だ。

養生も上手になり、自分なりに工夫も始めました。道具を手入れしたり、塗りやすい形のコテを作ったり。2階の目立たな

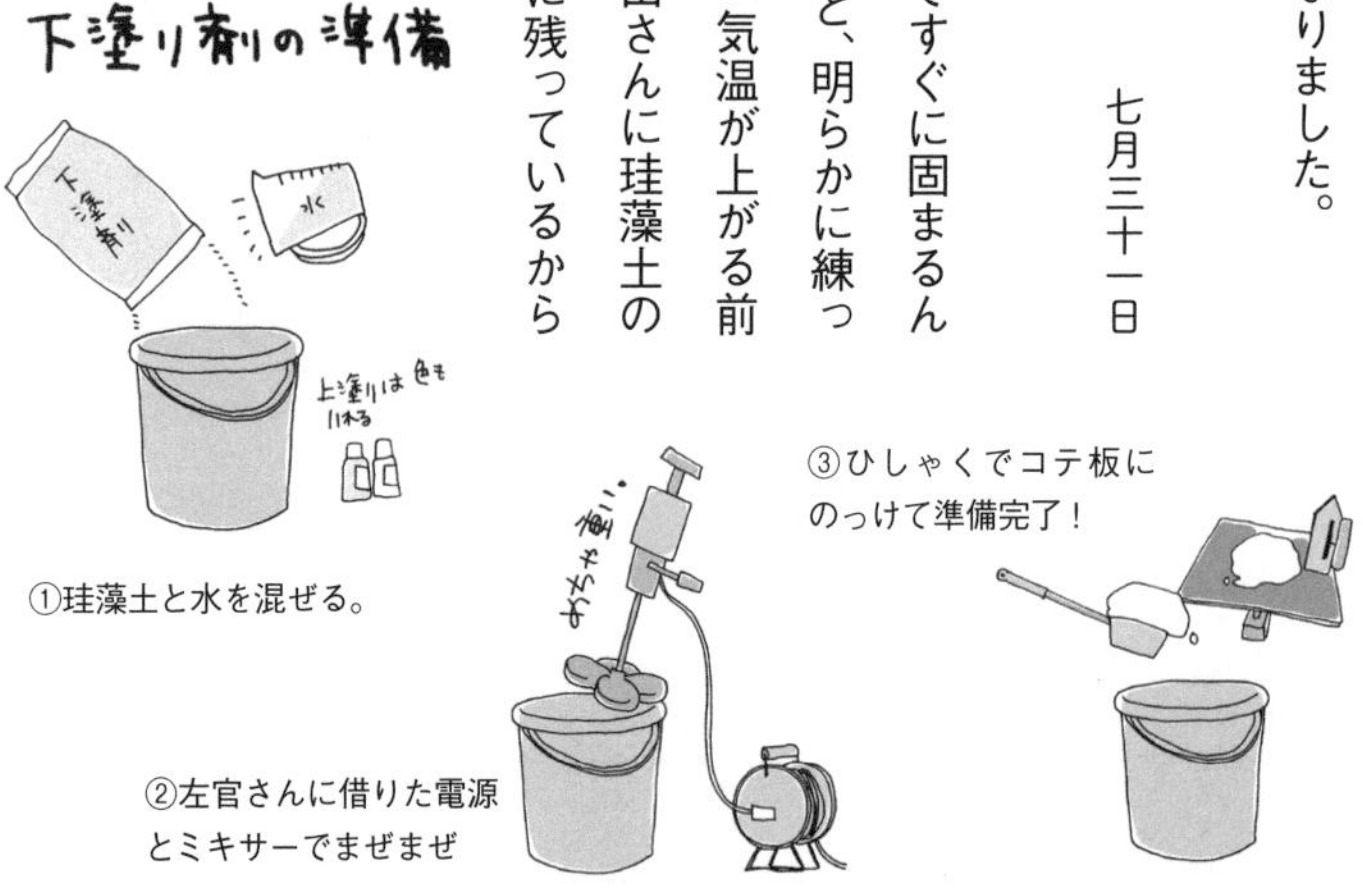

①珪藻土と水を混ぜる。

②左官さんに借りた電源とミキサーでまぜまぜ

③ひしゃくでコテ板にのっけて準備完了！

いところから塗り始めて1階に移る頃にはなかなか上達してきました。でも、左官さんが試しに塗ったところと比べるとムムム……。全然ダメだ！ それに、キッチン作業台の下とか、普段絶対見ないところに限ってものすごく塗りにくい！ 首も肩も腰も悲鳴を上げるのですが、そこだけ塗らないわけにもいかない。きちんと塗れてるか確認もできないような奥の奥とかもどうにかクリアしてやっと下塗りが終わりました。

お昼はクーラーの効いた近所のカフェへ。あちこちに珪藻土がつき、汗まみれ、疲労で目の焦点はあってない怪し～客、それが私。もう、これは修業だ。ただひたすら壁を塗っていれば、必ず何かが得られるのだ……。

この間、現場には誰も来ない。

なぜと問われても。そこに壁があるからさ

八月二十三日

なぜ自分で塗るのか。現場の人、友人家族、いろんな人に聞かれました。し

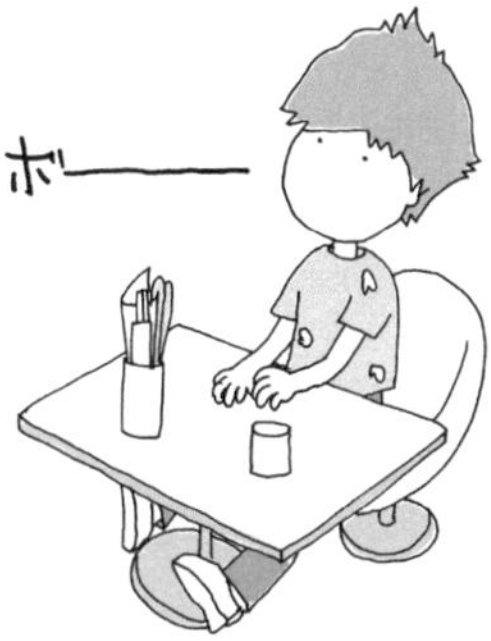

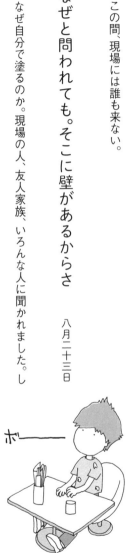

かし、「塗りたいから」と答えるしかない。費用のこともあるけど、自分の家だし、1軒自分で建ててしまう人がいるくらいだし、できることは自分でやりたい。やってみたい。

何が大変って、全工程を自分でやるってこと。だれも助けてくれない。お膳立てがない。片づけも道具の手入れも全て。でも、やっぱり楽しい。きれいに塗れた壁が少しずつ乾いていく様子を眺めながら、水筒に入れてきたお茶を飲む。美味い？ 上手い？ ウマい！

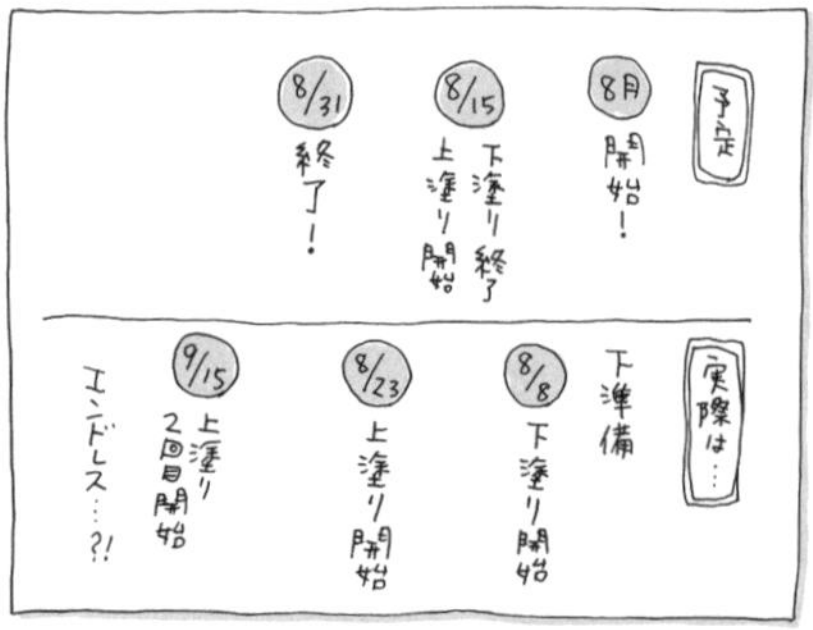
予定
8月 開始！
8/15 下塗り終了 上塗り開始
8/31 終了！
実際は…
下準備
8/8 下塗り開始
8/23 上塗り開始
9/15 上塗り2回目開始
エンドレス…?!

オットの友だちが、みっちり2日間手伝ってくれました。室内に壁塗り用の足場を組んでもらっていたのですが、それでも私が届かないところがあって、オットとふたりで大奮闘してくれたのです。

下塗りが終わったのが8月23日。わお。予定を大幅にオーバー。ささ、上塗り開始！ 下塗りはレクチャーしてもらったけど、上塗りは完全に自己流。これでいいのかもわからない。上塗りも1回塗りです。よね？ あれ？ なんか、パッケージに二度塗りって書いてある？ うそ〜！ 話が

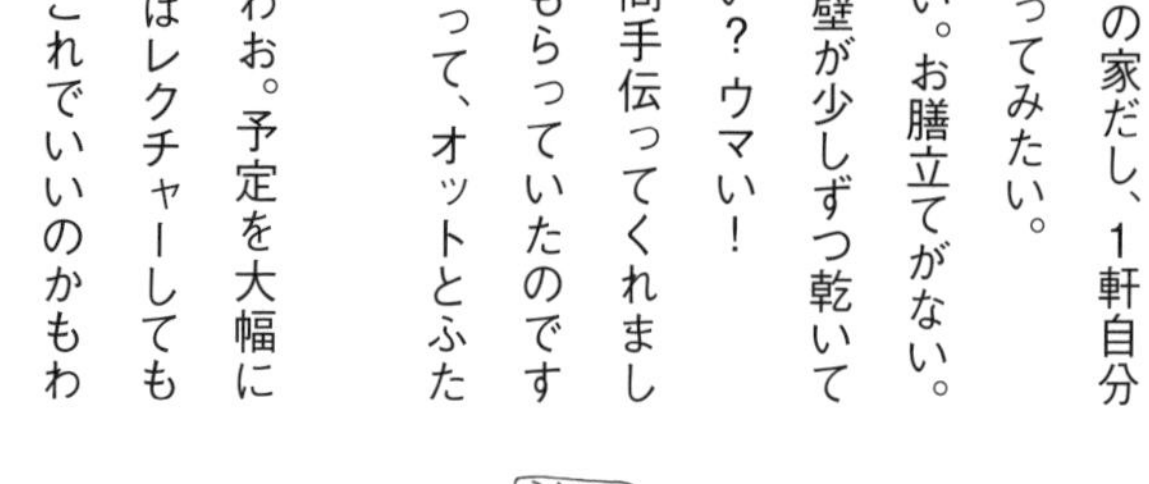
汗かいてないけど
いいのかしら。という不安。

8月10日、初めての壁塗り休み。
汗をかいてないのが変な感じ

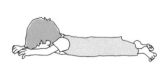

ちがう〜！……ということは？　一体どれだけかかるのか？　最初の予定では1カ月でした（とゆーか、それすらも「そんなにかかる？」と甘く見てたし）。下塗り15日、上塗り15日という単純なもくろみ。実際は下準備だけでたっぷり1週間使った上に、上塗りは二度塗り〜！　めまいがしたね、正直。

まだまだ遠い完成の日……。今年中に、引っ越しできる……のかな？

結果、意外といけるクチだったらしい

八月某日

ふむ。どうやらシロウトにしては上できらしい。手前みそですが。しかし、夫婦で仕事をするって難しいですね〜。性格がモロに出る。いつもなら「人それぞれだから」と相手のやり方を尊重しているつもりでした。でも、果てしない作業を、できるだけ早く効率的に、なおかつ美しく仕上げることで精一杯で、相手を気遣う余裕がなかったんですねえ。作業中、何度となく険悪なムードになりました。

8月後半、上塗り開始。上塗り材はホットケーキの生地みたいで、とても塗りや

仕事のやり方は
かみあわないことも多い。

すい。でも仕上げなので、見た目が肝心！ なので、結局時間がかかります。
養生にも気合いが入ります。そもそも、自分で塗るって、自分で新居を汚してるってこと。たまたま養生シートが足りないわずかなところに、落とさないように気を付けているときに限って、珪藻土が落ちるのはその1センチのすき間。なんでかね〜。しかも、シロウト仕事なので、下塗りのコテ跡がかなり残っていて、それを隠すためにものすごい厚塗りをしなくてはならず、これが相当難しい。

全ての作業が終わったのは9月末。ちょうど2カ月かかりました。毎日こつこつとがんばりました。作業の難しさ、暑さ、疲労、先の見えない不安との戦い。片づけもすんだ日の夜、オットと餃子&ビールで乾杯しました。レバニラが疲れた身体にしみこんでいきました。ちょっと泣きそうでした。辛かった。でも……感動でした！

あ、足りない。
まあいいか。
と、なぜか
養生してない
わずかな
スキ間に。
ぴっ

コラム あねは事件ってありましたね 住宅瑕《か》疵《し》担《たん》保《ぽ》履《り》行《こう》法

2005年に起きた「構造計算書偽装問題」、いわゆる「姉歯事件」をきっかけに、「プロに任せておけば大丈夫だろう」という安心感がグラグラと崩れてしまいましたね。

事件の後、新しい法律ができました。工務店は、建物が完成してから10年間住宅に保険をかけないといけないというものです。引き渡し後、重大な瑕疵（欠陥）があったとき、施工会社が修理を行います。重大な欠陥とは、建物の構造上、強度が弱くなる可能性がある場合や、防水が完全でなく雨水が染み込む可能性がある場合です。また、施工会社が倒産などで責任を履行できない場合は施主に保険金が支払われます。これなら、何かあったときに、施主が泣き寝入りするということがないわけです。保険料は約10万円です。

建物はハウスGメンなどの保険法人により、保険をかけられる仕様に基づいた施工がされているか審査を受けます。設計書ができた段階で審査、そしてその後、現場で2回審査があります。

施主としては、何だか何回も検査や審査があって、P144で紹介している建築確認申請の検査とも混同しそうですね。あちらは建築基準法に基づいた建物になっているかの確認で、こちらは保険をかけるための審査です。それぞれ費用がかかり、支払額の明記方法は業者によって異なります。建築見積もりに明記されている場合もあれば、諸費用に入っていることもありますし、検査のたびごとに実費で払う場合もあります。しかし、形はどうあれ基本的には保険料や審査料を払うのは施主です。どんな審査がなされ、どのくらいのお金を払っているのか。自分の家のことですから、きちんと確認して知っておくのも大切なことかもしれません。

ぼくらの「こまかいこだわり」アレコレ

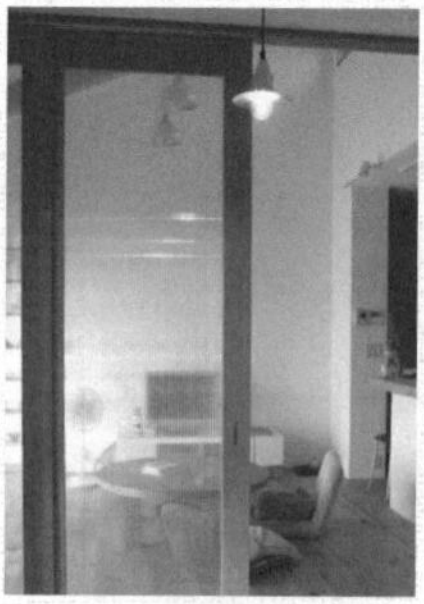

リビングと仕事部屋を仕切る釣り扉には「ポリカーボネート」を使っています。軽くて、割れにくいプラスチックみたいな素材で、細長～～～い四角柱が横にずら～っとくっついて並んでるようなモノです。
光を通すけど目隠しにもなります。ウチは透明無色を使っていますが、色もいろいろありました

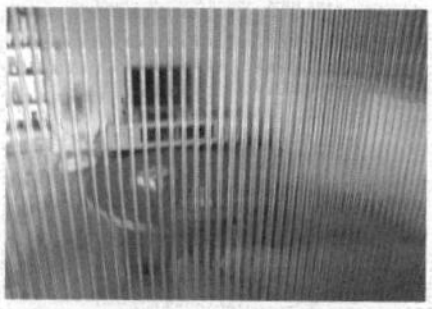

これがアップにしたところ

千本格子の魅力。
格子の作りも美しいし、その影も美しい。飾りというのはこういうのがいい。

しかし、建具屋さんの手作り建具なので、既製品に比べたら、引き戸の戸袋からちょっとすきま風。アフターメンテで、すきまの部分に毛足のふさふさしたテープを貼ってくれました。見た目をくずさず、風も遮るのでかなり満足です。ふさふさ部分の色もいろいろあるみたい。名前は「モヘアくん」に決定～

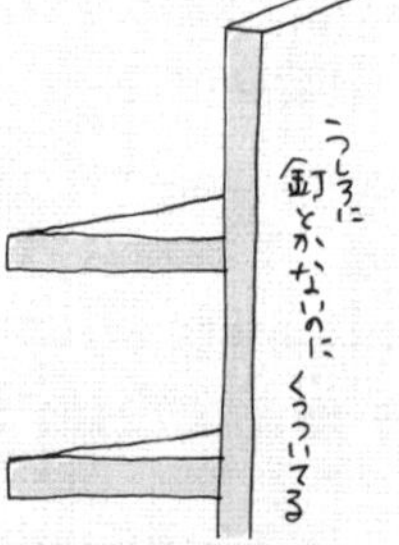

これはとある雑貨屋で見つけた棚。板に垂直に棚板がくっついているんだけど、釘のようなものが外から見えないように作り付けてあって、これがとてもステキなんです。さっそく、デッキにこんな棚を付けてもらいました

⑧

外構と仕上げの話。

まずは外構手始め

六月三十日

ウチは外構部分が広いので、後でDIYというわけにもいかず、ある程度の予算を外構費にあてていました。まずは駐車場(車持ってないけど!)。外構の一角を削って作る露天の駐車場だけど、コンクリート工事って高いんですよね。カーポートも高いしデザインも気に入らない……。今は畑にして、将来車を買ったときに追加工事をするか、とも考えました。しかし! 天井部分に鉄骨を張ってキウイ棚を作ろうと思いつき、やはり工事をすることにしました。これならカーポートいらないし! 葉が茂れば屋根代わりになる(のか?)!

窓につける防犯用の格子もデザインがね〜(↑ホントうるさい)。これも、少しでも雨に強いレッドシダーという木材を使って建具屋さんに作ってもらうことにしました。

玄関ドアの引き手、見〜つけた!

七月三日

流木を探していろんな海辺をまわったけど、いいものに巡り会えません。ベランダは集

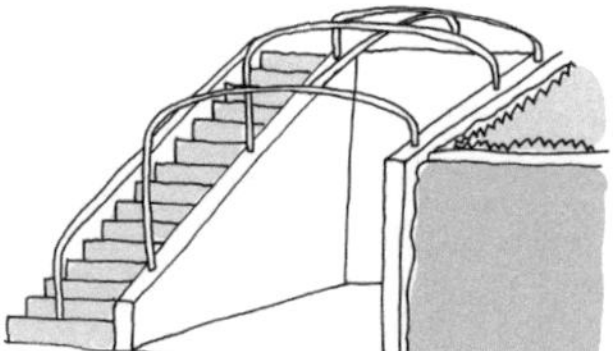

キウイ棚の骨組み。編み目をもっと密にするため、後で自分で細めのワイヤーを通す

めた中途半端な流木だらけ。するとなんと、外構屋さんに桜の木を切ってもらえることになりました！　一面に植樹された畑の中から、ヤマザクラの木をいただくことに。美しくてまっすぐな木。ムフフ。大感激です。手触り、太さ、見た目、希望通り！

この日、なかなか見えなかった外構についてみっちり打ち合わせしました。玄関は土間っぽく、階段は学校の運動場みたいな色の御影石にして、できるだけなだらかなスロープに。和風にならず、洋風にならず、ロッジ風にならず、あまりかちっとせず……。うまく伝わるか不安でしたが、とても話しやすい方で、楽しい打ち合わせでした。

ケヤキについても相談してみました。大きいので畑に影をつくるかな、と悩んでいたんです。でもやっぱり植えたい。すると外構屋さんが「このくらいの広さなら大丈夫ですよ」と太鼓判を押してくれました！

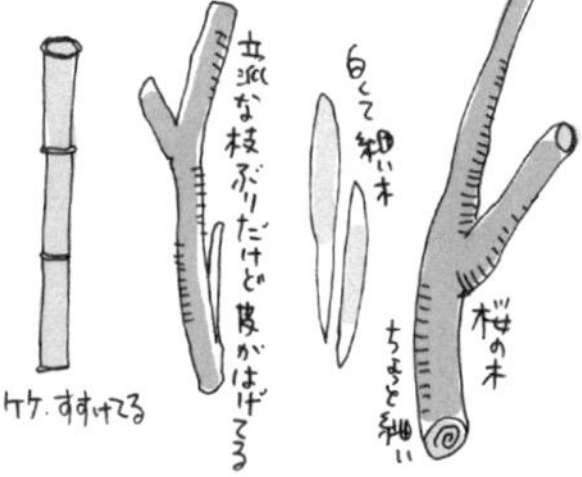

海でみつけた流木たち

壁塗り中に進んだ工事

七月〜八月

特にお気に入りのデッキが完成！　奥行きの広い「デッ

キ」とその半分くらいの奥行きの「縁側」を作りました。見上げると屋根裏の杉が美しい。2階デッキも見晴らし抜群！ 作業中の業者さんも、ここでお弁当を広げていましたね。

タイル、電気配線、水道、階段とロフトの手すりなどの工事も無事完了。おっかなかった業者さんたちも、私が壁塗り職人と化してからは、ちょっとなじみました。「自分でやるとね」と話しかけてくれたりして。

階段の手すりは強度・費用・デザインの観点から鉄骨に決定。階段と子ども部屋のロフトの手すり塗装も、私がやりました。壁塗りが終わってな～んか物足りなくて～。

この頃は台風が多くて大変でした。窓が開けられなかったり、風でコテ板が支えられなかったり。資材が風で飛ばないようにカバーもかけました。

いよいよ建具屋さんも現場に入りました。格子戸やクーラー用の格子、手すり、間仕切り用の扉、などなど、たくさんの建具を作ってもらいました。大きな円のこたつテーブルも同

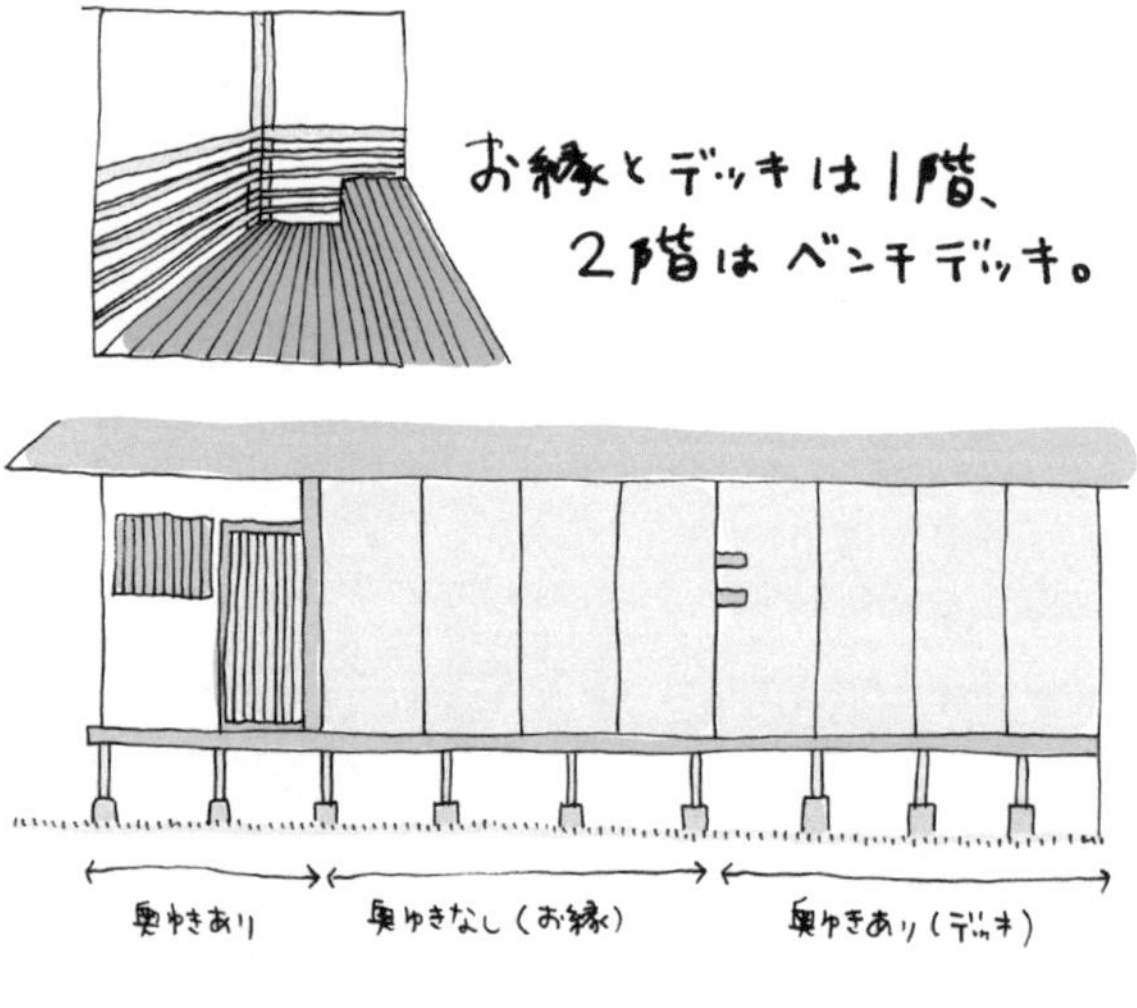
お縁とデッキは1階、
2階はベンチデッキ。
奥ゆきあり
奥ゆきなし（お縁）
奥ゆきあり（デッキ）

じ木材で作ってもらったんです。建具屋さんの工場《こうば》で作った建具を運び込んで、現地で微調整をします。そのために持ち込まれた道具たちも美しく、よく手入れされていました。

ロフトには棟梁製作のハシゴがかけられいよいよ完成に近づきつつある現場です。

インテリアといえば照明器具！

九月

照明器具って、部屋の雰囲気を大きく左右します。個性的すぎるデザインは飽きが来るし、部屋の印象が決まりすぎるから私にはNG。でも平凡なのもイヤだし、ショップでよく見かける人気商品もイヤなんですぅ。

私の求める理想の照明は「空間の広がりに合った大きさ」「空間のつながりを自然に表現

する役割」そして「シンプルだけど珍しいデザイン」。いろんな照明器具を見ました。しか〜し、現場で試してみるというわけにいかないのがはがゆい！ お店をまわって写真を撮ったりスケッチして、それが自分の家ならどんな風になるのかを妄想しまくる……。ショップでは、他の雑貨を全く見ずにずっと天井の照明を見上げているので首が痛いし、アヤシイ！ ちょっと変な人だったかも。そのくらい、集中して見ていました。

外構は家の最初の表情になる

十月半ば

表札とポストがついた門扉から、玄関まで。家の周りの柵や駐車場も含めて外構となります。ウチはアプローチ〜玄関たたきまでを作ってもらいました。アプ

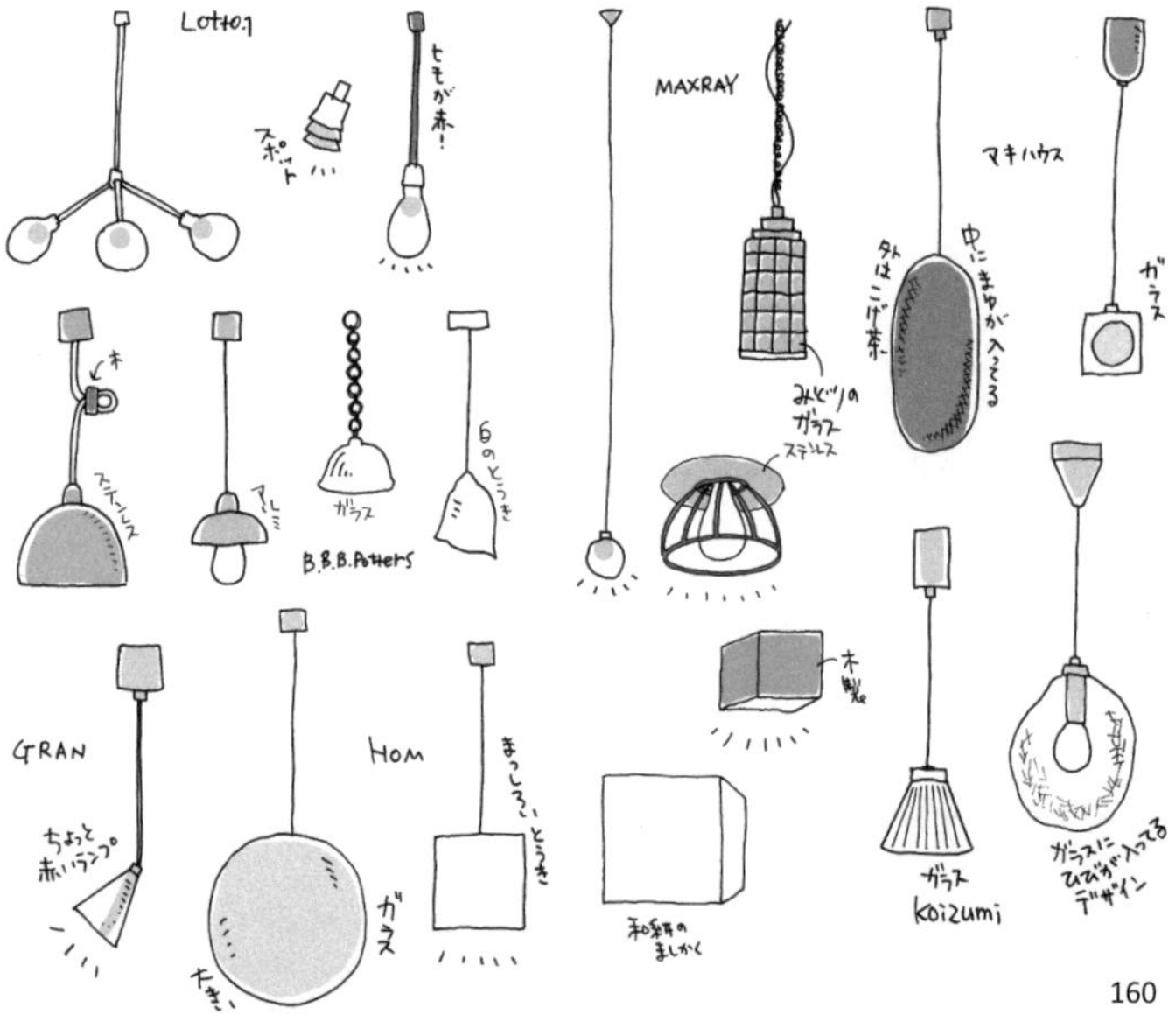

ローチには「ジャノヒゲ」という濃い緑の短い植物を植えてもらいました。門扉はまたしても既製品に納得行かず、自分で製作することにしました。また、階段に使う御影石のサンプルが手に入らなかったので、ホームセンターをまわり、近いものを見て確認です。やっぱり、言葉だけではわかりづらいのです。

ああ、念願のケヤキさん！　ようやくウチにいらっしゃいました。秋なのでもう葉っぱは落ちています。来年の夏には青い葉っぱが出てくるはず。根付かない時のための「植え替え保証」もついてるんだって。家のどこから見ても美しく見えるようなパーフェクトな場所に植えてもらいました。初めて家の中から庭を眺めたときは、しばし感動。これが大きくそよそよとなる日がいつか来るんだね。

貯水槽の基礎もでき上がりました。「さあ、ココに何ができるでしょうか？」と、テレビのリフォーム番組な

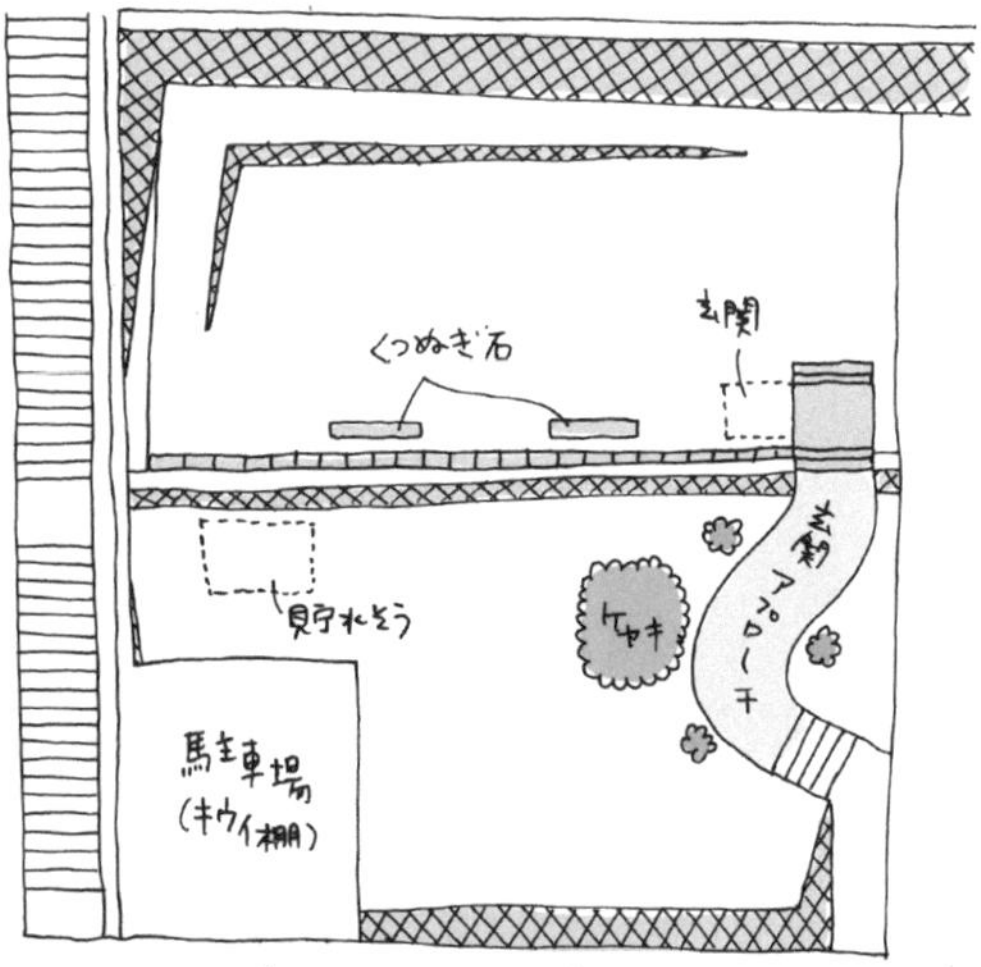

外構工事はこんな感じ〜

らクイズになりそうな不可思議なもの。答えは、しっかりした重い貯水槽に、さらに何トンもの水を貯めておくための、基礎なのです。わはは。

検査・美装の日々

十月十五日

マキハウスの社内検査での直しの後、施主検査です。検査にひっかかったところは、テープが貼られ、業者さんへ工事の手直しが入ります。私は壁塗りしながら家の隅々まで凝視(!!)していたので、気になったところはそのつど手直しをお願いしていました。一番大きな手直しは、キッチン家電用の棚にコンセントがきてなかったことかな。これは見つけてよかった。

美装の業者さんも入ります。単なる掃除じゃなく、工事の汚れを専門的にきれいにしてくれます。美装のおじさんは、仕事という枠を超えて本当に楽しそうにお手入れの話をし

少しずつジャノヒゲを植えている職人さん

これが貯水槽の基礎だ！ 写真では伝わりにくい！ ホワイトチョコの板チョコみたい

てくれました。例えば、窓ガラスは、ぬらした新聞紙できゅっきゅっと磨くとかね。自然素材を使っているので、手入れ方法も教えてくれます。珪藻土の壁は、汚れたらある程度までは「やすり」で削って汚れを落とせるのだそう。

「手をかければ古民家みたいな黒光りした立派な風情が出ますよ」と言われてうれしくなりました。そうそう、それを目指して素材選びをしてきたのです～！

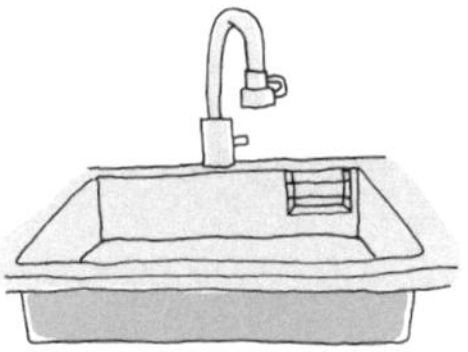

オーダーした一枚板ステンレスのキッチン。ステンレスは酢で磨くとピカピカに

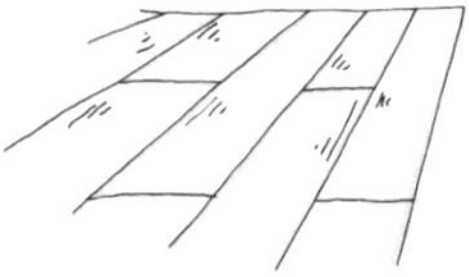

天然木の床は「未晒し密ロウワックス」（有限会社小川耕太郎百合子社）という天然素材のワックスで磨く

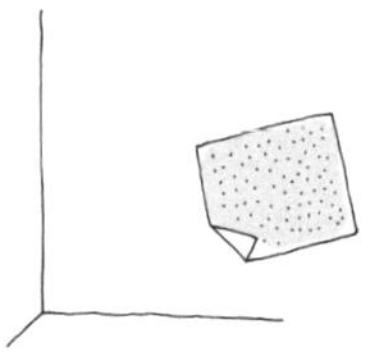

きれいに塗った珪藻土。この質感は、落書きしたらアウトだな……と思っていたけど、削ればいいんだって！

コラム 地震とユニバーサルデザインの話 これから育つ家

家ができて5カ月後の2005年3月20日、福岡県西方沖地震が発生。まさか福岡が「被災地」になるとは思っていませんでした。地震のことはいろいろ調べたし、引っ越し当日には、新潟県中越地震が起きました。新築の家が被害にあったという方のインタビューも見ました。それでもやはり「地震」は、自分とは関係ないことだと思っていたのです。

地震が起きた時、家にいました。すごい音がして、「トラックかな?」と思った瞬間、ものすごく家が揺れました。とっさに床に伏せました。目の前はリビングの大開口。目の前の景色、家やら電信柱やらがとにかく左右に揺れていました。結果的には大きな被害はありませんでした。

一番の感想は、「杭工事してよかった〜」ということ。きちんとした地盤調査の賜物です。これからもっと大きな地震が来るかもしれない。早急に「よかった」などと結論が出せるようなことではないんですが。

もう1つ。事故や加齢で身体が不自由になっても変わらぬ暮らしができるような仕組みと美しいデザインとの両立、「ユニバーサルデザイン」、これを断念しました。買った土地の形状が、すでにそういう仕組みからはほど遠かったから。門扉から玄関までをスロープにしようか、と検討しました。でも、お金がかかるし、石段の何倍もスペースをとります。その分、畑のスペースが減ります。それでは本末転倒。これはいつかリフォームする時の課題にとっておくことにしました。

とりあえず、家ができました。畑や、庭木、建材が成長するでしょう。災害もあるかもしれない。住む人間にも変遷があるでしょう。家族が無事ならそれに勝るものはないということも、地震を通して痛感しました。

家はできたて。これからどんな風にも育つ家です。

引っ越して
ふりかえって。

あたらしいくらし

十一月一日

カーテンがついてない大開口がまぶしすぎる……。むぐぐ。まずはブラインド購入。

家の中を占拠するダンボールは、「開けないとずっとそのままよ！」という知人のアドバイスを受け、片っ端から開けました。で、開けたら片づけなければいけない。どんな小さいモノでも、使い勝手と見栄えを考えて、ベストな収納場所を探したい。そのためには、収納する棚、に収納するための間仕切り的な道具が必要だッ。片づけの前に、お買い物だな。

ということで、あたらしいくらしを始めるため、「遊びに行かせてよ～」という友人知人の猛アタックにお応えするために、お買い物の鬼と化したのでした。目指すはダンボールゼロ、そして1カ月後の初お披露目。来月のカード請求が恐い……。

ふりかえって その1　マキハウスってどうだった？

初めての家づくり。マキハウスに出会い、相見積もりを取らずにとことん顔を突き合わせてともに家づくりをしました。その結果どうだったか。今の時点では私たちにとってはまあ合格です。でも、これから家がどう変わり、そのつどマキハウスが適切な対応をしてくれるのかはわかりません。自分で選んだ会社ですが、全面的に信頼しているわけではありません。でも、自分の親がやってる会社とかじゃない限りは本当に信頼なんてできるわけない。私たちは、現場に通って、常識と思われていることにもいちいち疑問を持ったり、営業さんにチクチク

せんたくもの干し。けっこう大きい。
こんなに買っちゃった…。
キッチンのステンレスワゴン 3台
籐カゴ 大小25個
プラスチックケース4つ。CDROMをいれる。
ポスト。かわいいんだー。
クッション4つ。
座椅子2つ。
客用スリッパ5組。
LOttO1.で買ったみどりのソファ 背もたれが高くてラクなのだ。
ほうきなど4本、ちりとりも。
フランフランアウトレットのTV台。

とプレッシャーをかけながら、シロウトながらも納得して物事が進んでいくことに立ち会えたと思います。家作りの間は、完全なオフってなかったです。私はフリーなので、仕事は土日・朝夜関係ないけど、自由な時間をどうにか捻出できるのはラッキーでした。

ふりかえって その2　反省点をいくつか

1階納戸と子ども部屋の合板フローリング。少しだしいいかと思っていたけど、だからこそ逆に目立つ！ 全部パインにすればよかった。少しでもお金を浮かそうと思っちゃって。

1階トイレの照明。空間に対して照明のサイズが大きすぎる〜。もっと小さいのにすればよかった。やっぱりカタログで選んだからか〜。決めごとが多すぎて、ちょっと息切れしてたかな。

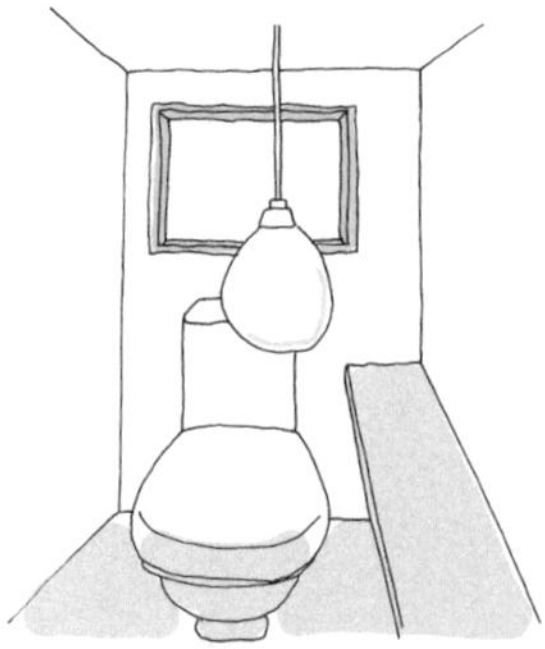

ちょっとでかいんだな〜。

玄関たたきの石。小さな石を、ばらまいたみたいにランダムに配してほしいと、伝えて

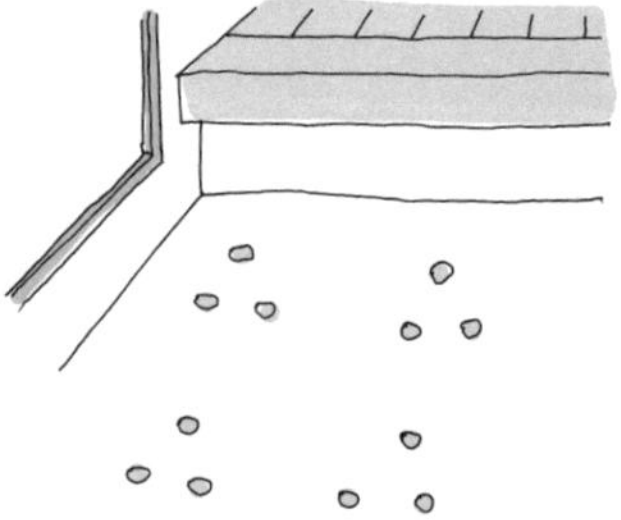

石の配置のしかたがちょっと規則的なんだよね〜

いました。私がさせてもらおうかなと一瞬思ったけど、まあ簡単にラフも描いたし、おまかせすることにしました。これがちょっと規則的に並びすぎてるんですよね～。やっぱり自分でやればよかったかな。

住んでみて1カ月目の反省点。

建具屋さんに作ってもらったこたつはと～ってもお気に入りなのだけど、でかすぎて、それに合うサイズのコタツフトンがない！ 結局近所の布団屋さんで、オリジナルを作ってもらいました。

ものすごくステキに仕上った
コタツちゃぶ台、直径120cm。

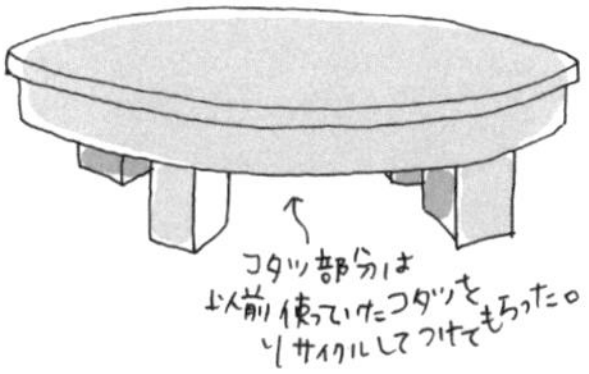
コタツ部分は
以前使っていたコタツを
リサイクルしてつけてもらった。

しかし、そんなでかい
コタツ布団（丸）は売ってない。

1階デッキの照明。スイッチが、室内ドアの裏にあるので、照明をつけるたびにドアの裏側に手を入れないといけない。ちょい面倒。

最後に、天井近くにある窓を開けるための棒み

いつも開けている
ドアのうら側に
スイッチがあるのだ…。

たいな道具がものすごく長い。長すぎて、収納場所がない。2階トイレの窓用にもう一本短いのがあるのですが、伸縮棒にしたら、これ1本ですみますよ～、メーカーさん！

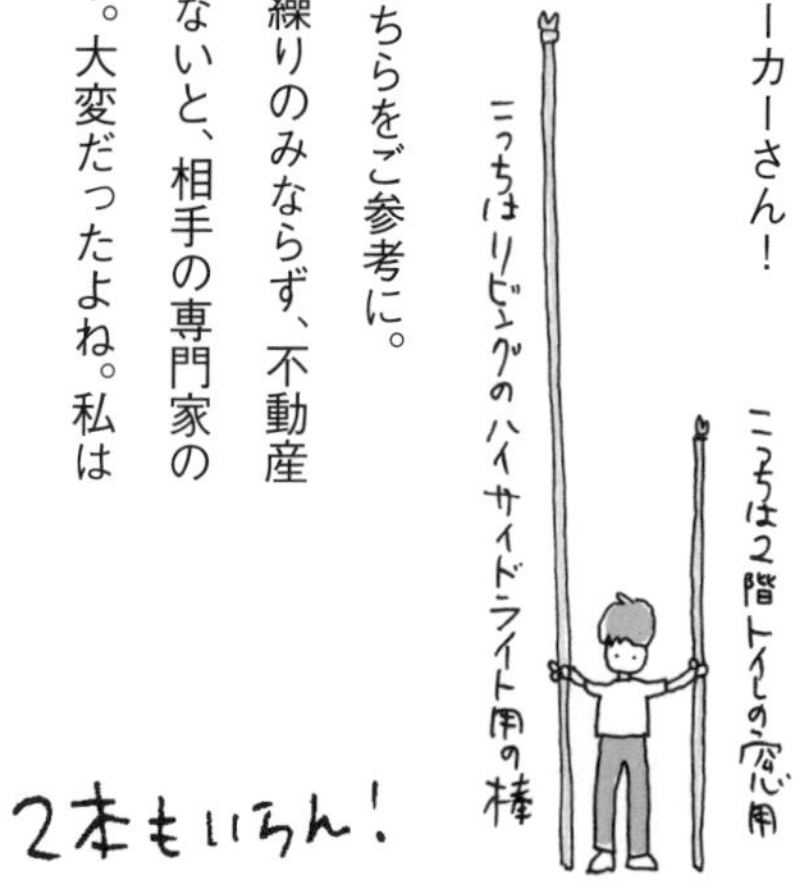
こっちは2階トイレの窓用
こっちはリビングのハイサイドライト用の棒
2本もいらん！

ふりかえって その3

お金の話

Ｐ172に、時系列でお金の流れをまとめていますのでまずはそちらをご参考に。

私、数字に弱くて、お金の話はオットの担当となりました。資金繰りのみならず、不動産や税金の知識など、しっかりねちっこくやってくれました。知識がないと、相手の専門家の言うことが本当なのかどうかもわからない。オットよ、ありがとう。大変だったよね。私は安心して家のことだけ考えてました。ほんとスミマセン。

引き渡し前に追加工事見積もりが出て、約84万円（税抜き）追加で折り合いました。外構工事費は約20万円（税抜き）減で約273万円（税抜き）、照明費は約44万円（税抜き）。

最初に目指していたローコスト住宅には到りませんでした。建坪32坪で約2284万円（税抜き）ですから、坪単価約71万円（税抜き）です。これではローコストとは言えません。

高コストになった理由は、2つ!

1)屋根率の高さ

2)基礎率の高さ

総2階建てで、四方が真四角が最もローコストと言われていますが、それは屋根面積も基礎面積も壁面も最もコンパクトにできるからです。ウチはその逆だな~。加えて自然素材を使ったので坪単価がどんどんあがりました。しかし、屋根面積を大きくしたり、素材にこだわったり、貯水槽を作ったのは私たちなりの大きなこだわりでした。また、私たちがこだわったデッキやバルコニーは床面積に含まれないので、そもそも坪単価という考え方自体、あまり意味がないかもしれません。

それと特筆すべきことがもう1つ! それは消費税です! 本書では全て税抜きと表示していますが、これには当然消費税がかかります。その額がハンパない……。

あとは1年でも早くローンを返すことです。最大限の年数でローンを組んで20年くらいで返済を終わらせるのが一般的だそうです。万が一のことを考えて長めにローンを組むけど、返済に時間がかかればかかるほど利息もかかります。目指せ、繰り上げ返済!

お金と工程

お金の流れ	日付	いえづくりの流れ
住宅財形貯蓄と住宅金融公庫「つみたてくん」で貯蓄始める	'99 9月	
	'03 1月	深夜ミーティング開始
	4月	土地探検サイクリング開始
	4/21	マキハウスのショールームへ出かける
	6/22	運命の土地、発見
財形融資の準備始める	9/25	売り主さんから土地売却のオッケーが出る
財形融資を申し込む 3870万円、利率1・15%、35年ローン	9/30	土地の契約書類を事前確認
2200万円にて土地売買契約 手付金200万円(内金)を現金で支払う	10/10	売り主さんと初対面、重要事項の説明
	10/20	建築士と自宅で初打ち合わせ
工事請負仮契約 30万円(内金)支払う	11/1	
	12/7	設計図・間取りほぼ決定
ニコニコおやじローンで1000万円借りる 利息1%で公庫の融資がおりるまで	12/11	
最初の見積もりが出る 2470万円(税抜き)	12/20	
銀行から500万円借りる 公庫の融資がおりるまでのつなぎ融資、利息約9万円	12/24	土地所有権移転登記申請 土地の所有権移転

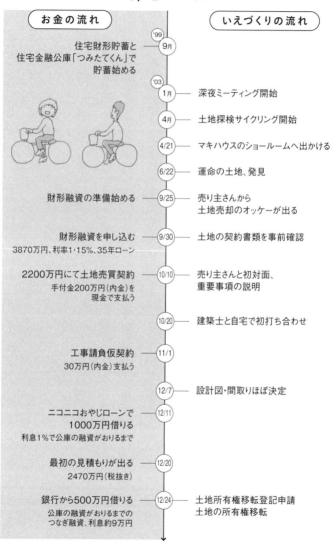

'03

12/24
土地代金の残金2000万円支払う
- 銀行のつなぎ融資500万円
- ニコニコおやじローン1000万円
- 手持ち資金500万円

登録免許税32万9500円
登記手続料約8万円
売り主さんへの固定資産税(精算分)
土地の仲介手数料など支払う

12/29
2回目の見積もりが出る
2292万円(税抜き)
キッチンの細かい打ち合わせ

'04

1/2
キッチン・洗面台周りラフ
建築士へ、ほか仕様の検討続く

1/16
3回目の見積もりで折り合う
2199万円、外構費293万円(税抜き)

1/26
工事請負契約
200万円(内金)支払う
照明の設計図
杭工事検討

2/6
地鎮祭
初穂料2万円
地鎮祭
ご近所さんへ挨拶回り

2/25
着工

2/27
杭工事(2日間)

3/5
保険会社の基礎工事検査

3/20
ショールームで什器、屋根材検討

3/25
基礎養生終了
木材搬入と防蟻処理

3/27
足場組み

3/28
上棟式費用約15万円
- 食事・おやつなど約5万5000円
- 餅2万円、ご祝儀5万4000円
- その他
上棟式

4/17
植物園へ庭木探し

4/24
サッシ取り付け

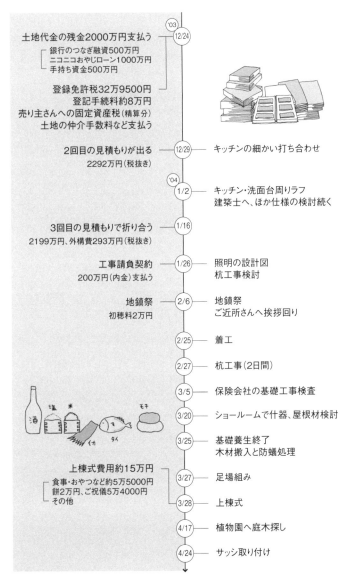

'04

4/24　キッチン、階段収納、洗面所など
展開図出る

5/8　外壁作業開始

5/15　志賀島へ流木探し
フローリング材搬入

5/17　建築士と現場打ち合わせ
ニッチの場所と数、
デッキの小棚の高さと場所など

5/30　マキハウスで打ち合わせ
電気図面、階段材、キッチン壁タイル
畳、手すりなど

6/13　糸島へ流木探し

6/26　建築士と現地打ち合わせ
キッチン、建具など

階段製作開始

6/30　駐車場工事開始

7/3　外構屋さんで打ち合わせ

7/10　クロス、珪藻土、照明器具、
樋色のプレゼン

7/13　外壁材の吹き付け

7/19　ロフト、トイレ造作、駐車場完成

7/24　クロス貼り、キッチンカウンター製作

7/26　住宅金融公庫から中間金がおりる
1690万円(家の融資金額の80%)
これでマキハウスへ1050万円返済
銀行へ500万円(つなぎ融資)返済

公庫住宅融資保証協会保証料
85万円支払う
(連帯保証人を立てる代わりに支払う)

火災保険料55万円支払う

7/27　足場解体

7/28　壁塗り開始

9/4　デッキ完成

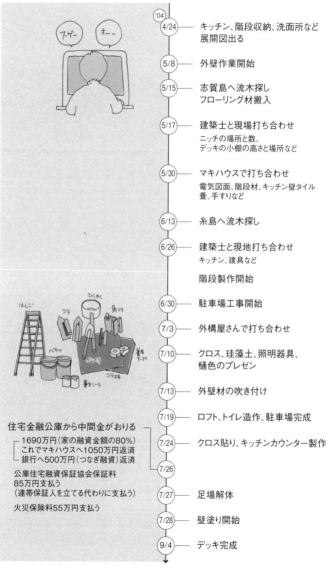

'04

9/6 木工事完了

9/14 キッチン、風呂タイル工事
エコキュート施工

不動産取得税50万円支払う
新築住宅関係の軽減により
後に22万円は還付

9/26 壁塗り終了、階段など
鉄骨手すり取り付け

追加工事見積もり折り合い工事費確定
2284万円(税抜き)(建坪32坪)
〈1/16の見積もり額に84万円(税抜き)増〉

9/28 電気・照明器具取り付け
手すり塗装

外構費273万円
(約20万円減)(税抜き)
照明費は44万円(税抜き)

9/30

10/1 外構工事、畳工事、美装
手直し工事

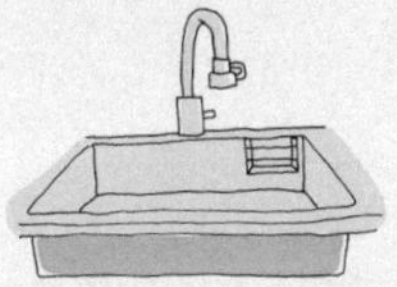

10/4 マキハウス社内検査

10/9 施主検査、手直し工事

10/16 引き渡し

10/23 引っ越し、片づけ

引っ越し
8万円(食洗機、クーラー取り付け代込み)
ソファ、テレビ台、こたつちゃぶ台など購入

11/8 大開口ブラインド購入・工事
17万円

11/25 住宅金融公庫最終金(残金)
2180万円おりる

マキハウスへ1610万円返済
(建物工事費、外構費、杭工事費、
照明費、諸経費)
ニコニコおやじローンへ550万円返済
中間金利息7万円支払う
団体信用生命保険特約料11万円など支払う

手持ち資金250万円で
ニコニコおやじローン返済
残り200万円はさらに5年で返済契約

12/4 両親へ初のお披露目

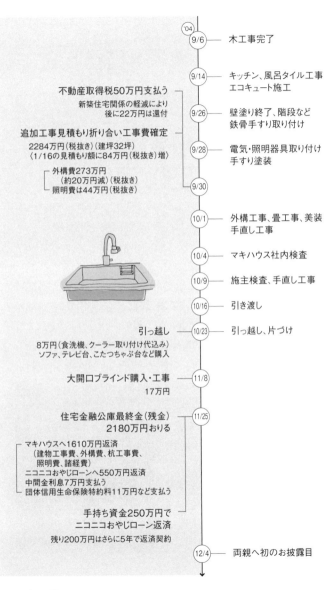

コラム ぼくらの門扉ができるまで

ないなら作れ！カワカミ家家訓

門扉作っちゃいました。

家の入り口。表札やピンポンがあるところです。ウチは門扉から玄関までが遠いので、門扉はとても重要なのです。にもかかわらず、またまた既製品ではお気に入りのものが見つけられませんでした。ということで作っちゃおうと。そしてそんな私たちをもはや全く止めない深田氏……。

ホームセンターで材料を購入して制作開始。なんだかんだと引っ越ししてから3週間は経っていました。ポストと門扉のない新築の家にけげんな顔をする郵便局のおにーさんたちは「あのー、ポストはいつできるんですか?」と言いながら毎日郵便物を手渡してくれました。

支柱となる3本のレッドシダーの木を、50センチの深さの穴に立てます。それを支えるためにセメントを練って流し込みます。意外と強度があって安心。1枚の固定板と2枚のはね板をとりつけます。ペンキを二度塗りして、ポスト（かわいいの発見）、鍵や番地表示板をとりつけて終了。ひとりではできない作業が多いので、休みの日にふたりでやって2週間。

しかし、風が強い日にはね板が吹っ飛んでしまいました。代わりに太いワイヤーをワンタッチ金具で取り付けました。ま、これも不便なときはまた別の方法を考えましょう……。アバウトだなー。「それなら既製品にしろよ～」という声が聞こえそうですが、やっぱり私たちには、こっちの方がいいのです。

その後の「ぼくいえ」いくつかの追記

ここからは「ぼくいえ」に起こった変遷を具体的に振り返ってみよう。

3年目に、大開口以外の小さめの窓にブラインドとロールスクリーンをつけた。……遅い。今までは、夜になると窓が「夜色」になっていたわけだが（要は真っ黒け）、窓がすごく窓らしくなった気がする（当たり前すぎて呆れないでほしい）。そういえば、木サッシがとても印象的な「由布院美術館」（大分県由布市湯布院町／現在は閉館）を訪ねたとき、夫が「これ先に見てたら、木サッシもっと真剣に考えたかも」という問題発言をしたときは、地団駄を踏んだ。

5年目のマキハウスのアフターメンテには、防蟻処理の会社の人が同行した。保険が切れるので、現状を検査し、向こう5年分の処理を施すという。

防蟻処理の会社の人が床下に潜って、家中の床下を撮影し、それをテレビにつなげて見る。床下にはゴミ一つ落ちてない。いい工事をしてくれたなあと、改めて思う。

ベタ基礎のコンクリの上に組んでいる木材に、土や木くずの固まりがついてないかを探す。これがシロアリの通り道にあるものらしい。5年前の処理はなかなかの効果だったみたいで、問題なし。水漏れも見てくれた。一般的に、海の近くや湿った土地がシロアリに好まれる。ウチは山際で乾燥気味の土地。日当たりもいいので、好条件も手伝っているようだ。

しかし、実はこの後、普通のアリがぱったりと来なくなった。いわゆる黒いアリだ。夏にはいろんな昆虫が家の中を闊歩している。自然の中のことなので、殺虫剤も使わない。砂糖壺を冷蔵庫に保管すれば、アリも床に落ちた食べカスに寄ってくるくらい。ちなみに、ウチのアリは、夕方5時を過ぎるといなくなり、朝またどこからか出勤してくる。働き者なのだ。そんな彼らがいなくなった。防蟻処理のせいだろうか。二度目の処理から3〜4年たってまた現れるようになったことを考えると、そうじゃないかなあと思ってしまう。

三度目は任意だったので、まだ未処理だ。強すぎる効果は、私たちの望むことではない。しかし、シロアリの害は家の構造に打撃を与える。そろそろ、重い腰を上げて、また処理をお願いすることになるのだろう。

さて、私たちは、子どもがいない状態で家づくりをした。将来子どもを望んでいる、という条件はつけていたが、今から考えたら実際にいるといないとでは想定できることに限りがあった。当時は想定しているつもりでも、全然できていなかったのだ。子育てしている人には当然なことも、実感がなければ心に迫ってこない。心に迫ってこなければそこに予算を割くはずがない。子どもが生まれたのは、２００９年、5年目の秋だ。

赤ん坊は出っ張りとか角っこで頭を打つ。本当に頭を打つ。しかし、安全対策グッズをとりつけた頃には、もうそこでは頭を打たなくなっている。成長が早くて対策が追いつかない。そこで、できるだけお金をかけずに、日々その場しのぎを続けた。しかし、どうしても歯が立たないところがあった。階段だ。まずは階段を上らないよう、大きな空箱に古雑誌を詰めて上り口をガードした。市販の「階段用赤ちゃんガード」的なものは、ウチの手すりには取り付けられない。階段右端は「うっぽんぽん」で縦の柵もない。子どもがいない状態で家を建てたらこうなる、の代表例と言えよう。

日々階段を見上げてため息をつく親を尻目に、スキあらば箱の両脇の細い隙間から階段上りに挑戦する息子、当時1歳3カ月(ドヤ顔)。とうとう箱を自力で除けようとする仕草を確認してからすぐ、初のプチリフォームに乗り出した。建築士の深田さん(祝独立！)に助けを乞う。内装のイクスワークスさんを引き連れて、また楽しい打ち合わせが始まった。

駐車場の上のキウイ棚、え〜っと、おすすめしません。花や葉が散って屋根を汚します。車好きな人ならあり得んでしょう！ウチは特にこだわりがないので、「JUST MARRIED!」的に葉を散らしながら車を走らせております

素人にはお手上げだが、プロは「あ、大丈夫ですよ」と即答だった。うれしくなってしまった。頑丈な厚手の布をぴっちりすきまなく貼る。階段に留め具を打って、布を固定するのだ。布は色も材質もいろいろあったが、せっかくだから、安全対策に留まらず、家のアクセントにしようと、鮮やかな真っ黄色のテント地にした。攻めの姿勢だ。これが、「最初からこうだったよね？」というくらい違和感がなくて、いい感じなのだ。イクスさんの素早い対応としっかりしたお仕事にも感動した。仮縫いをしてくれたので、丈夫さも確認できた。

木のいえの変遷、暑さと寒さについて。

今でも人が来ると「木の匂いがする」と言われる。私たちでさえ、2〜3日家を空けて帰ってくると、そう思う。木は生きているんだと思う瞬間だ。

床のパイン材にはワックスを塗った。磨くはしからツヤツヤになっていく。しかし、家具を全部移動して床を塗るのに2日間、乾かすのに2日間、また家具を戻すとなると、次に塗るのは何年後か。「何度か塗らないと床が日に焼ける」と言われていたのだが、なかなかいい色に成長している。天然木は噛み合わせがうまくいかないと、反り返ったり、隙間が空くこ

ともある、とも言われていたが、棟梁の完璧な作業のおかげで気になるところはない。

で、その天然木から暑さ寒さの話になる。反り返りなどの原因になるため、床暖房は勧められないと言われた。木造で、大開口があって、天井が高くて、2階まで開いているこの家、暖房はどうなのかという深刻な問題について、今振り返ればかなり見切り発車だった。

基本はこたつだ。私はもともと寒めが好きなのだ。人の家で顔を真っ赤にしている。当然息子もかなり薄着だ。寒いときは着込んで動けばいいのだ。冬の夜は、ホット梅酒、ホットワイン。夫は石原稔久さんの大きなマグカップに暖かい三年番茶が大のお気に入りだ。

カーペットを敷くとだいぶよくなった(母には「カーペットは暖房器具か?・」とつっこまれたが)。トルコのカーペット「キリム」に憧れているのだが、息子がカーペットにクレヨンで落書きしているのを見て、しばらくキリムは無理かと諦める。

しかし冬、家の中なのに鼻が冷たいし、息が白いこともある。これではお客が迎えられない。そこで家電屋へ出向くとそこにはデロンギ様が現品限りの大安売りで鎮座していた。危険と環境汚染が少なく、ほわ~っとあったかい、デザイナブルなあこがれのヒトだ。夢のお気に入りは、長靴型湯たんぽ。履く湯たんぽだ。移動する時は「がっぽがっぽ」とすごい音がするが、座り仕事なので特に問題はない。宅配便の人に笑われるくらいだ

デロンギ様、木造では3～4畳用とある。デロンギを購入するようないわゆる富裕層の人々は広めのトイレにでも設置するのだろうか。しかも、店員さんは「こう書いてありますけど、木造のお宅にはちょっと……」などと言う始末だ。

結局、デロンギ様は寝室に置いているのだが、使ったのは授乳中の1年半だけだった。寝室でエアコンを使うのは苦手なので設置しなかった。普段は真夏は極暑、真冬は極寒で夜を過ごす。しかし授乳中はそうはいかなかった。寝っ転がったまま授乳するという「添い乳」をせず、夜中は常にむっくり起き上がってからおもむろに乳をやっていたため、寒いのは文字通り致命的だった。なにしろ極寒、屋外のように寒いのだ。デロンギ様のおかげで、ハワイアン授乳を楽しめた。

さて、夏。暑い。やはり、開口が大きいと暑い。家がサンハウスだ。畑のケヤキが育ち、心地よい日陰を作ってくれているけれど、日本の夏はもはや亜熱帯だ。自宅は事務所も兼ねていて、こう暑くては仕事がはかどらないので、エアコンを買った。

エコ家電はランニングコストが安い。ウチの「リビングキッチン仕事部屋」(大開口、2階まで開放、しつこい)には、何畳用を買えばいいのか、見当もつかなかったが、予算に合わせ

て適当なのを買ったら、全然大丈夫だった。28度の設定で冷える。エコ家電万歳だ。今では暖房も使うようになった。手がかじかんでキーボードが打てないでは仕事にならない。

壁塗りについても追記しておく。なんと最近は一回塗りで完成するＤＩＹ用材料があるのだ。少しばかりショックだ。珪藻土など、品質もよく、値段も少し安い(色の選択肢には限りがある)。施主の壁塗りをすすめている工務店もあって、道具を準備してくれたりするらしい。ずいぶん気楽に取り組めそうだ。もちろん私たちの苦労を味わいたい方はプロ仕様もオススメだ。ちょっとした修業として楽しめ、人生観が変わること請け合いだ。

安価な外構用レンガを貼ったキッチンの壁は、予想通り、油汚れや染みが気にならない。これはオススメだ。引っ越し以来拭き掃除もやっていない。

しかし、残念なお知らせもある。4年目でキッチンの鍋用壁掛けが壊れた。パイプをネジで止めたものに、S字フックで鍋など掛けていた。その数、鉄製のフライパンを大小2つ、片手鍋を大小2つなど。重みでネジがゆるんできたので一度締めてもらったのだが、やはりゆるんできた。現在は、壁掛けのすぐ上の換気扇フードの溝にフックを掛けている。今にしてみれば、最初からこれでよかったのではないかと思う。

また、息子のおねしょで畳に世界地図ができてしまった。夫が日干ししたり、こたつの下に敷いてみたり、ドライヤーをかけたりと、いろいろやってみたが、くっきりとした染みと湿り気はとれなかった。とうとう一枚だけ作り直してもらった。リビングの壁には赤いペンキの線がぴ〜〜〜っと描かれている。息子の室内用の木製バイクが壁をこすったのだ。相撲好きの息子がこたつテーブルの脚に油性マジックで書いた落書きは「白鵬」。「まあ、こんな難しい漢字が書けるのね〜」……では済まされない。やれやれだ。

まあ、仕方ない。長い目で見たらそんなやんちゃな時期は短い。いたずらがおさまる年頃になったら、まとめてなんとかしよう。

お縁でツメ切り。

ツメ切りの中に切ったツメを入れるタイプのツメ切りが苦手だ。しかし新聞紙を敷いて切るとぷっちぷっちと周囲に飛び散る。それを這いつくばって拾い集めるのも物悲しい。そこで縁側だ。ここなら、どんなに飛ばしても絶対にウチの敷地だ。気にせずぷっちぷっちぷっちだ。これが本当に気持ちいいのだ

コラム　畑と外構・10年を振り返る夫婦対談

オットよ、対談へようこそ。まずはケヤキの話から。ケヤキは根付かなくて、植え替えてもらったね。

うん、植え替え保証がついてたからね。今では小鳥が集う大木になりました。

最近はどこからかツタが繁殖してきて、あれはうれしいね。

僕が植えたのも少しはあるけど、勝手に生えてきたヤツが繁茂してるね。僕が植えたのは常緑のツタだったんだけど、今繁茂しているのは冬枯れる品種で、夏の成長が旺盛。色も緑が鮮やかできれいだね。

上の段の縁側とデッキの前に植えた芝生の大半は枯れましたね。

冬には枯れて春に緑になる「コウライ芝」を植えたんだ。やっぱり芝刈りはこまめにしないとダメだったね。何ミリの世界を保たねば。植えて1カ月で手動の芝刈り機を買ったんだけど、その時点ですでに芝刈り機が使えないくらい芝が伸びていて……。

外構は、最初自分たちで杭を買ってきて土に打ち込んで、ヒモでくくって柵のようなものを作ってみたよね。

やってみたけど、あまりにも心もとなかった。寄りかかったら危ないし。

その後、ちゃんとした柵を作ってもらいました。

ムベとかが絡みつきやすいように、大きめの網を入れた柵だね。

柵ができて、はじめて畑がきりっとしまった感じがしたね。そして、結構花盛りですな。植えてないのに。

ほとんど雑草の花ね。土地に合う花、合わない花があることがわかった。もの

外構に張った柵。ちなみにこの大木が、スカスカだったゴールドクレスト

すごく管理すればどんな植物も育つかもしれないけど、うちは基本は放任栽培。だから消えていくものもある。

最初はハーブを植えました。

カモミールとかタイムとかを植えて「ハーブの丘計画」を立てたけど、ほとんど根付かなかった。残ったのはローズマリー。他は、原因はわからないけど合わなかったんだろうね。一旦は根付いたかなと思うものでも途中から消えたりする。

雑草も変遷がある。シロツメクサやツワブキは元気。残るものが残った感じ。冬はスイセン、ツワブキが咲いたりと季節の花が定着してきた。

オーデコロンミントを植えたときは、かなり増えて、香りも強すぎて失敗したかなと思ったけど、何年かで消えた。ドクダミとの戦いに負けたのかも。ペパーミントはブルーベリーの根元に植えてる。コンパニオンプランツ（近くに植えると互いに良い影響を与える植物）としてね。そんな感じで変遷があって、ひと頃盛んに生えたやつも消えていく。

下克上だ。

でも最近はそんな変遷も少なくなってきたから、大体落ち着いたのかな。

江戸時代突入。

自分の最初に思い描いていたのとはちょっとちがうけど、悪くないね。僕はまあ、ゆる〜くしか管理してないので、本当の園芸好きが聞いたら「もっと管理しろよ」ってことかもしれんけど。

僕はひょっこり生えてきたものも大事にしたいんだ。スイセンやツワブキもそう。自然と生えてきたものの方が土地に合ってるんだろうね。

自分が植えたもので残ってるのは？

ゴールドクレストは、マンションのベランダで育てていたときはテーブルにのるくらいの小さな木で、枝もスカスカになって瀕死の状態だったのに、引っ越して門の脇に植えたら、大木になった。でかくなりすぎてクリスマスの飾り付けもできないくらい。ま、これも管理しろよって話だね……。

キウイの苗木をネットで買ったときは、「なんか棒切れみたいだけど、騙されてんじゃないの」とか思ってたけど、見事に立派になりました。

果樹は大成功だね。土地に合ってるん

だろう。ほとんど手をかけることなく収穫できてる。僕は夏みかんの木を眺めながら暮らすのに憧れていたんだ。

畑も10年目、写真を見返してみると、野菜も少量ながらいろいろ収穫したね。

豆類はよくとれるね。サヤエンドウとかエダマメとか。毎年まく場所を変えて連作にならないようにしています。サツマイモやサトイモも毎年よくできる。サトイモはもう植えてないのに毎年できる。サトイモはしっかり水やりもしてます。

トマトやピーマンはできたりできなかったり。鈴なりになる年もたま〜にあるんだけど。

葉ものはできませんね。

コマツナなんかもできなくなった。原因究明のためにネットで酸度計を買いました。まあ、管理不足も大きな原因でしょうな。

これが酸度計。土壌の酸性度を測る

特にオットは丁寧で時間をかける方だから、さくさく要領よく、とはいかないもんね。「ゆっくりさん」だからね。そこがいいところだけど。

君ももうちょっと時機を逃さずに、どんどん収穫してもらわないと。

すみません。特に葉ものは使うときに穫りたいから、その日のメニューとのかねあいもありまして〜。

ニンジンもとれたよね。葉っぱもたくさん食べたな。

天ぷらにしてね。おいしかった。

あと、スイカがとれたときは嬉しかったなあ。

コンポストは今何台あるっけ。

今4台。12年目にしてはじめて亀裂が入って1つ追加した。生ゴミを入れていっぱいになったら、半年かそれ以上寝かせてる。

堆肥が完成した！という目安は？

匂いと見た目かな。土の香りがしたらＯＫです。寝かせてる間も、もっと混ぜたりせんといかんのだけどね。

今、堆肥をどのくらい使ってますか。

春に果樹の根元や畑にまいてるよ。植物の成長にどれだけ貢献してるのかは正直よくわからないけれど。

自然農を始めて10年ですが。

うまくいかないことも多いけど、枯れたものは土に還す、土がまた野菜を生かすという、ベランダのプランターではできなかったことができている。季節を楽しみながらやっています。

畑から帰って来た時のオットの爽快な表情はいつも印象的だね。お風呂に入ってきた人みたいなさっぱりとした顔になってます。実際は汗かいて泥もついて、変な実をくっつけてたり、ハーブの香りも背負ってるわけですけど。

あと、家づくりでいえば、農作業部屋を作ればよかったたね。

深田さんに「シューズルームは必要ですか」って言われたときに、ピンと来るべきだったな。靴を置くところ、ではなくて、僕のライフスタイルに置き換えて考えなければならなかったんだね。収穫した野菜を置いておいたり、汚れた作業着をかけたり。

サービスヤードはあるけど完全に屋外なのでちょっとちがうんだよね。半屋内、みたいな場所があるとよかったね。

家を作りたいと思ったら、昔からの日本家屋の機能性とか気候風土とかを考えるのはとても重要だと思う。昔の家の土間は広かったよね。あれは農作業をしている家には必要だったんだね。自分の今の暮らしに照らし合わせて必要な要素は取り入れるとよかったんだね。

今、息子が昆虫に凝っているので、飼育箱の置き場所にもなるし、幼虫を育てる、とかいろいろやり出してて、リビングが砂まみれなこともある！シューズルームがあればそういうこともできたよね。その点、ちょっと私も後悔しています。

まとめます！ 私としては、毎日仕事しながらケヤキを眺められるのはいいもんですよ。

僕も楽しいよー。鳥やチョウチョやクモに囲まれてね！

あとがき

2003年10月。書肆侃侃房の池田雪さんに「おもしろい土地を買ったから、おもしろい本が書けると思う」と意気込んだとき、彼女は「いいんじゃない。やってみよう」と言った。ようやくして家が建ち、本ができ、10年が経った。その間、私の30代がはじまって終わった。思い描いていた10年間ではなかった。想像を超えて楽しく、想像を超えて耐え難いことがあった。

そしてその一時代をしめくくるように池田さんが「新装版を作らない？」と言った。

冗長になりがちだったところを削り、デザインを見直し、全体のスリム化を図った上で10年後の「ぼくいえ」の物語を書き足した。内容としては読みやすくなったと思うのだが、多くとっていた余白をなくしていったため、前作をご存知の方がおられたら少し窮屈に感じられる向きもあるかもしれない。

発刊後にはじめたブログ「畑に降りたエンジェル～ぼくらのいえができてから～」で、たくさんの出会いがあった。家を建てるために本を読んでくださった方。建てた後読んでくださった方。建てる予定はないけど読んでくださった方。そして、その後の私たちの暮らしに某かの共感を覚えてくださった方。それぞれ残してくださった瑞々しいメッセージを読み、私は本当に生きる力をいただいた。大げさな話ではない。打ち明ければ、どうしても元気の出ないとき、私はいくつものコメントをさかのぼって何度も読んだ。何げないメッセージの一つひとつが、なぜかとても力があるのだ。すごいのだ。

新装版を作るにあたって、そのことにお礼が言えることが、何よりの幸せだ。ありがとうございました。そして、メッセージなど残してないけれど拙著を手に取ってくださったもっともっと多くの方々へ。

ありがとうございました。ありがとうございました。

さて、ここからあなたの家作りがはじまるのでしょうか。

楽しんで苦しんで、すっっっっごいのができるといいですね。

秋の夜長は鈴なりのカボスを炭酸で

２０１６年９月　川上夏子

川上夏子（クワズイモデザインルーム）

1974年福岡生まれ。印刷会社の営業、旅行パンフレット制作、雑誌編集を経て2003年自宅にて「クワズイモデザインルーム」開業。著作に『ぼくらのいえができるまで』『福岡のまいにちごはん』『福岡のパンとお菓子の小さなお店』他、ブックデザインに『福岡喫茶散歩』（小坂章子著）他、料理スタイリングに『元祖　焼きカレー屋』（松井和之著）がある。全て書肆侃侃房刊。

Facebook×川上夏子

畑に降りたエンジェル
http://www.kankanbou.com/angel/

クワズイモデザインルーム
http://www.kuwazu-imo.com/

監修 ―――――――― 深田晋（株式会社SYN空間計画 一級建築士事務所）
竣工写真 ―――――――― 高巣秀幸（シェリーハウス）
ブックデザイン・イラスト・写真 ―― 川上夏子（クワズイモデザインルーム）
編集 ―――――――― 池田雪（書肆侃侃房）

※本書は『ぼくらのいえができるまで』（2005年小社刊）に加筆・修正したものです。

ぼくらのいえが できるまで できてから

2016年10月31日　増補改訂版 第1刷発行

著　者　クワズイモデザインルーム 川上夏子
発行者　田島安江
発行所　書肆侃侃房（しょしかんかんぼう）
〒810-0041 福岡市中央区大名2-8-18
天神パークビル501 システムクリエート内
TEL 092-735-2802 FAX 092-735-2792
http://www.kankanbou.com　info@kankanbou.com

印刷・製本　アロー印刷株式会社

ISBN978-4-86385-239-6 C0095